O Contrato de Trabalho do Atleta Profissional de Futebol

Jean Marcel Mariano de Oliveira

Juiz do Trabalho do TRT da 2ª Região. Especialista em direito material e processual do trabalho pelo Centro Universitário Padre Anchieta – Unianchieta de Jundiaí/SP.

O Contrato de Trabalho do Atleta Profissional de Futebol

EDITORA LTr
SÃO PAULO

Dados Internacionais de Catalogação na Publicação (CIP)
(Câmara Brasileira do Livro, SP, Brasil)

Oliveira, Jean Marcel Mariano de
O contrato de trabalho do atleta profissional de futebol / Jean Marcel Mariano de Oliveira. — São Paulo : LTr, 2009.

Bibliografia
ISBN 978-85-361-1261-9

1. Direito do trabalho 2. Esportes — Leis e legislação 3. Futebol 4. Futebol — História 5. Jogadores de futebol I. Título.

08-07699 CDU-34:331:796.332.071.2

Índices para catálogo sistemático:

1. Futebol : Jogadores profissionais : Direito do trabalho 34:331:796.332.071.2
2. Jogadores profissionais de futebol : Direito do trabalho 34:331:796.332.071.2

Produção gráfica e editoração eletrônica: FAMA EDITORA
Capa: FABIO GIGLIO
Impressão: HR GRÁFICA E EDITORA

EDITORA LTDA.

Rua Apa, 165 – CEP 01201-904 – Fone (11) 3826-2788 – Fax (11) 3826-9180
São Paulo, SP – Brasil – www.ltr.com.br

LTr 3726.9 Janeiro, 2009

Dedico este trabalho ao Autor da minha vida,
meu querido e amado Senhor Jesus Cristo que, pelo Seu
imenso amor, me deu a vida e me dará a salvação eterna.

Agradeço a Deus, que a mim tem dado todas as coisas, tanto materiais quanto espirituais e, principalmente, me sustentado nos momentos de dificuldades, e pela realização do meu grande sonho profissional de ser aprovado em concurso público para a carreira da Magistratura do Trabalho.

Ao meu pai, por desde criança ter me ensinado os primeiros detalhes sobre o futebol, esse esporte maravilhoso que movimenta o mundo quase em sua integralidade.

À minha mãe, por todo o carinho e dedicação durante a preparação deste trabalho.

À minha irmã, por suas palavras sempre presentes de incentivo.

Aos meus irmãos queridos e amados da igreja Assembléia de Deus, templo sede, na cidade de Jundiaí; especialmente aos membros do grupo Harmonia Celeste, pelas incessantes orações que tanto me fortalecem.

E, ainda, ao meu professor-orientador, *Dr. Paulo Eduardo Vieira de Oliveira*, pela atenção e ajuda dispensadas, sem as quais este trabalho não poderia ser realizado.

SUMÁRIO

Capítulo XI

Capítulo XII

APRESENTAÇÃO

Alguns homens são movidos por paixões. No caso de meu amigo *Jean Marcel* – a quem tive o prazer de receber na Judicatura do Trabalho – duas paixões levaram-no a escrever este livro: o Direito e o Futebol. Paixões arrebatadoras.

Jean Marcel abre seu trabalho expondo a importância do esporte na sociedade contemporânea. Sem deixar a bola cair, conta-nos a pouco conhecida história do futebol, desde suas inspirações e origens até sua acolhida pela civilização ocidental. Traz-nos o autor, até os dias atuais, o processo de massificação e profissionalização do velho esporte bretão. Não deixa de nos contar também a história de conquistas e frustrações do futebol no Brasil, o país do futebol.

Após a introdução, já conhecedor do longo caminho que percorreu o futebol, o leitor é convidado a ingressar no tema central do livro: o contrato de trabalho do atleta profissional. O autor discorre primeiramente sobre o contrato de trabalho do atleta de futebol pelo mundo e a evolução legislativa no Brasil. Explica em extensa análise os elementos do contrato, o fim do passe, o sistema de transferências e a cláusula penal por rescisão antecipada do pacto, bem como os direitos e deveres dos dois pactuantes: o atleta profissional de futebol e a entidade de prática desportiva.

Jean Marcel também aborda a Justiça Desportiva, suas atribuições e limites diante da Constituição da República de 1988. Termina por trazer lições jurídicas de outros dois trabalhadores integrantes do espetáculo: os árbitros e os treinadores.

Após essa agradável leitura, conhecido o Direito do Trabalho aplicável às relações nascidas nesse esporte, estará então o leitor apto a compreender o futebol não mais apenas como jogo e paixão, mas também como importante pólo produtor de relações jurídicas complexas. O espetáculo já pode começar. Que soe o apito.

Claudio Olimpio Lemos de Carvalho

Juiz do Trabalho, titular da 48ª Vara

do Trabalho do Rio de Janeiro/RJ

PREFÁCIO

Jean Marcel Mariano de Oliveira é Juiz do Trabalho em São Paulo e foi meu aluno no curso de pós-graduação em nível de especialização em Direito do Trabalho na Faculdade de Direito do Centro Universitário Padre Anchieta de Jundiaí. Nessa oportunidade demonstrou vivo interesse pelo Direito do Trabalho, tanto que era um dos melhores alunos e dos que mais participava das aulas.

Tive a felicidade de ser um dos incentivadores para seu ingresso na carreira da magistratura, sendo o mesmo aprovado ainda antes do término do curso de pós-graduação.

Fui seu professor e orientador no trabalho de conclusão do curso de pós-graduação, que serviu de base para a presente obra que ora apresento.

Jean Marcel foi aluno brilhante, companheiro e sempre disposto a ajudar as outras pessoas. Mesmo depois de aprovado no concurso da magistratura continuou a ajudar aqueles que ainda não tinham logrado êxito, com o mesmo desprendimento e disponibilidade.

O tema **O Contrato de Trabalho do Atleta Profissional de Futebol** envolve assunto importante e atual, no que se refere a essa categoria específica de trabalhadores.

A pesquisa sobre o tema foi muito bem feita pelo autor, pois trata-se de questão nova, atual e que precisa ser estudada ante os problemas que surgem dia a dia nessa categoria específica de trabalhadores.

A presente obra aborda os mais diferentes aspectos do atleta profissional de futebol, envolvendo desde a história do futebol até o regramento jurídico do contrato de trabalho do atleta profissional.

Enfoca, ainda, a questão mais polêmica do contrato do atleta de futebol relativa à remuneração, estudando temas fundamentais como luvas, bichos, passe e direito de arena.

Quanto ao conteúdo do contrato, ainda, Jean Marcel analisa com profundidade a questão da jornada de trabalho, férias e a transferência do atleta profissional de futebol.

A obra tem, também, análise da questão relativa à rescisão do contrato de trabalho, com enfoque para a justa causa e para os direitos e deveres do atleta e da entidade de prática desportiva.

Comenta ainda o autor a estrutura da Justiça Desportiva no Brasil, e analisa as figuras do árbitro e dos treinadores de futebol.

Conclui apresentando finalização sobre os temas abordados e apresentando soluções que entende cabíveis.

Entendo que a presente obra será muito útil para todos aqueles que pretendem entender melhor a questão do contrato do atleta profissional de futebol, pois estes encontrarão sólidos fundamentos jurídicos para resolver suas dúvidas.

Desejo muito sucesso ao autor e à obra.

Paulo Eduardo Vieira de Oliveira

Juiz do Trabalho Titular da 49ª Vara do Trabalho de São Paulo
e professor doutor do Departamento de Direito do Trabalho e da Seguridade Social
da Faculdade de Direito da Universidade de São Paulo – FADUSP
e da Faculdade de Direito Padre Anchieta de Jundiaí- SP.

"Porque Deus amou o mundo de tal maneira que deu o seu filho unigênito, para que todo aquele que nele crê, não pereça, mas tenha a vida eterna".

– Evangelho de João 3:16.

INTRODUÇÃO

PRIMEIRAS INFORMAÇÕES

Para a língua portuguesa, jogo é a "*atividade física ou mental organizada por um sistema de regras que definem a perda ou o ganho*"[1], enquanto competição é a "*busca simultânea, por dois ou mais indivíduos , de uma vantagem, uma vitória, um prêmio, etc.*"[2].

Como assinala *Domingos Sávio Zainaghi*, "*não se trata apenas de uma diferença lingüística. O jogo tem um caráter lúdico, ou seja, apenas um brinquedo, uma distração ou divertimento. Já competição é o jogo levado a sério*"[3].

Destes conceitos, pode-se afirmar que toda competição é um jogo, mas nem todo jogo é uma competição. O jogo somente será competitivo quando tiver relevante importância a supremacia do resultado a favor de um desportista ou equipe em relação ao elenco de desportistas.

Certo é que o esporte, além do seu possível caráter competitivo, proporciona também a prática de exercícios físicos, além de possuir funções higiênica, educativa, biológica e de promoção social, o que o tornou muito útil ao homem no final do século XVIII, quando este passou a ter seu trabalho realizado através de máquinas e, deste modo, tornou-se sedentário, já que ficava preso ao ar viciado nas fábricas e oficinas.

É de se assinalar ainda que o esporte, em razão de sua inegável função social, é elemento de integração entre os grupos sociais, com forte influência no enriquecimento cultural da humanidade.

Tem também grande importância para o ser humano a participação deste como espectador de práticas esportivas.

Como assinala *Zainaghi:*

> "se na prática do esporte o homem foge do sedentarismo, melhora seu físico, interage com outros grupos sociais, como espectador ele participa mais sob o aspecto psicológico, fugindo da realidade, identificando-se com os ídolos, experimentando emoções de sofrimento, stress, prazer, etc., as quais, muitas vezes, ficam represadas no cotidiano, principalmente nos grandes centros urbanos. Até mesmo instintos de violência são liberados nas praças espor-

---

1. FERREIRA, Aurélio Buarque de Holanda. *Novo dicionário Aurélio da língua portuguesa.* 3. ed. revista e atualizada. Curitiba: Positivo, 2004. p. 1.158.
2. *Ibidem*, p. 508.
3. ZAINAGHI, Domingos Sávio. *Os atletas profissionais de futebol no direito do trabalho.* São Paulo: LTr, 1998. p. 18.

tivas. Por outro lado, preconceitos e divisões sociais são superados durante um espetáculo esportivo."[4]

É exatamente neste contexto que, juntamente com as demais práticas esportivas, surgiu o futebol, modalidade esportiva que certamente mudou e ainda está mudando a história da humanidade.

EXPOSIÇÃO DO TRABALHO CIENTÍFICO

O contrato de trabalho do atleta profissional de futebol é assunto de grande importância e interesse por relacionar-se com algo que afeta o brasileiro culturalmente, sendo pouco debatido na doutrina no momento atual.

Em verdade, as relações de trabalho que chegam ao conhecimento popular dizem respeito aos grandes e famosos atletas, cujas relações são diametralmente opostas à regra geral do desporto no Brasil e no mundo.

Os referenciais teóricos do trabalho são, especialmente, as doutrinas de *Domingos Sávio Zainaghi* e *Alice Monteiro de Barros*, que concordam conceitualmente sobre o tema, mas divergem em diversos aspectos integrantes do contrato.

O futebol na sociedade brasileira é visto como um espetáculo, capaz de integrar provos de culturas diversas. Contudo, dentro deste espetáculo estão presentes relações jurídicas de trabalho extremamente divergentes na doutrina e na jurisprudência que, por envolver matérias que representam o sustento dos trabalhadores envolvidos, interferem diretamente na cultura do país.

O trabalho busca mostrar os itens que compõem as relações entre clubes e atletas, as controvérsias existentes, as posições majoritárias e minoritárias e a posição do autor. Tal abordagem será feita buscando deixar de lado a cultura brasileira no futebol, enfatizando os aspectos jurídicos com imparcialidade, considerando as diferenças econômicas existentes no contexto desta relação juslaboral.

A relação de trabalho do atleta profissional de futebol, como será demonstrado, é regida por legislação própria, com aplicação subsidiária, quando compatível, da Consolidação das Leis do Trabalho – CLT. Diante disso, as divergências doutrinárias são encontradas em quase todos os itens que compõem o contrato deste profissional, ainda sem pacificação jurisprudencial acerca do assunto.

Assim, a questão, se analisada simplesmente sob o ponto de vista do regramento infraconstitucional da matéria, implica uma redução de garantias do atleta profissional de futebol. Caso feita a mesma análise sob o enfoque da proteção constitucional do trabalho e do trabalhador, muitas outras garantias serão conferidas a este profissional.

A metodologia utilizada (dialética) consiste numa abordagem histórica e contextual do futebol na cultura brasileira e a repercussão da abordagem jurídica

4. ZAINAGHI, Domingos Sávio. *Op. cit.*, p. 24.

nesse contexto, buscando, ainda, separar a figura do jurista da figura do torcedor, tarefa nem sempre muito fácil de ser realizada.

Assim, o trabalho será feito enfocando principalmente a doutrina e a jurisprudência acerca do assunto, especialmente o ordenamento infraconstitucional e constitucional a ele aplicável, buscando dessa forma melhor elucidar as controvérsias existentes e suas possíveis soluções.

O tema será desenvolvido da seguinte maneira:

– Nos capítulos 1 e 2 será feita uma breve retrospectiva histórica do futebol no mundo e também no Brasil;

– No capítulo 3 iremos fazer uma análise dos ordenamentos jurídicos estrangeiros acerca do assunto;

– No capítulo 4 serão abordados o histórico legislativo e a configuração do vínculo jurídico do atleta profissional de futebol;

– Nos capítulos 5 até o 10 serão abordados, respectivamente, o sistema remuneratório, a jornada de trabalho, as férias, a transferência do atleta, o poder disciplinar da entidade de prática desportiva e a rescisão do contrato de trabalho;

– A composição da chamada Justiça Desportiva no Brasil será analisada no capítulo 11;

– Por fim, no capítulo 12 será feita uma suscinta abordagem das relações de trabalho dos demais profissionais que integram as competições desportivas de futebol;

– Na conclusão, será apresentado o resultado da pesquisa.

AS REGRAS DO FUTEBOL[5]

Na história dos esportes em geral, é comum se verificar diversas, constantes e até radicais modificações nas regras dos jogos em relação àquelas que vigoravam nos primórdios de suas respectivas práticas, como no voleibol, por exemplo.

O futebol, contudo, não segue esta máxima. Suas regras sofreram pouquíssimas alterações desde sua criação, de modo que o futebol ainda nos dias de hoje é praticado da mesma forma como era em tempos mais remotos de sua história.

Em verdade, o grande desafio dos treinadores nos dias de hoje, ante a estabilidade das regras do futebol, é buscar novas variações táticas para suas equipes, que consistem na forma como a equipe irá atuar numa determinada partida, correspondendo a quantos jogadores comporão a defesa, o meio-campo e o ataque da equipe. As formações táticas mais conhecidas nos dias de hoje variam entre três ou quatro jogadores na defesa, quatro ou cinco no meio-campo e dois ou três no ataque, formando os chamados "4-3-3", "4-4-2" e "3-5-2".

5. Anexo C, p. 143.

O futebol, nos dias de hoje, pode ser praticado em campo com grama natural ou grama artificial (novidade introduzida pela FIFA nos últimos anos), o qual deverá possuir medidas máximas de 120 metros de comprimento e 90 metros de largura e mínimas de 90 metros de comprimento por 45 metros de largura.

A área total do campo é dividida, em duas partes iguais, por uma linha transversal, que possui um círculo central de 18,30 metros de diâmetro, cujo centro serve de marca para as saídas nos começos de cada tempo de jogo ou recomeço após um gol.

Gol, aliás, que é a finalidade principal do futebol, consistente em fazer ultrapassar totalmente uma bola pela linha localizada em cada uma das metas, as quais são constituídas por duas traves eqüidistantes das linhas laterais e unidas por um travessão. Estas traves possuem 7,32 metros de largura por 2,44 metros de altura.

São duas as metas localizadas dentro do campo, cada uma com sua respectiva trave, a qual se localiza nas extremidades de cada lado. Em cada meta existe também uma pequena e uma grande área. A pequena área, também conhecida com área do goleiro, tem 5,50 metros para cada lado, partindo de cada uma das traves, e 5,50 metros para frente, partindo da linha de fundo. A grande área tem 16,50 metros para cada lado, partindo de cada uma das traves, e 16,50 metros para frente, partindo da linha de fundo.

Dentro desta área há 11 metros da linha de fundo, numa linha perpendicular imaginária partindo do meio da linha de fundo, a chamada "marca do pênalti", de onde são cobrados os tiros livres diretos provenientes das faltas cometidas pela defesa dentro da sua respectiva grande área.

Fora da grande área localiza-se a chamada "meia-lua", que é um semicírculo com finalidade exclusiva de marcar a distância de 9,15 metros da marca do pênalti, delimitando o local onde os jogadores poderão permanecer durante a cobrança do pênalti.

No campo, ainda, existem quatro bandeiras que são colocadas em cada um dos vértices formados pelo encontro das linhas laterais e linhas de fundo. Desses vértices são cobrados os escanteios, que são tiros livres diretos decorrentes das bolas lançadas pela linha de fundo por um atleta da equipe que defende a respectiva meta.

A partida de futebol é disputada por duas equipes compostas por, no máximo, 11, e no mínimo 7 atletas, sendo um deles obrigatoriamente o goleiro, que é o único que pode, validamente, tocar a bola com as mãos e, ainda sim, dentro da grande área da sua respectiva meta de defesa, prática vedada aos demais atletas, que poderão tocar a bola com os pés, com o tronco, com as pernas e com a cabeça.

Sobre a posição de goleiro, manifestou-se *Paulo Guilherme*, citando trecho da autobiografia de *Lev Yashin*, tido como um dos maiores goleiros de todos os tempos, que defendeu a seleção da União Soviética nos anos de 1954 a 1971, dizendo que:

> "O goleiro, sem dúvida, ocupa posição mais importante da equipe. Se for mau, pode prejudicar uma equipe magnífica. Se for bom, a equipe se anima e pode até ganhar de um time mais forte. Toda uma equipe joga contra você, de outra cidade, de outro clube, de outro país. Atrás de você não há mais ninguém. Você é o último obstáculo no caminho dos atacantes".[6]

Cada equipe, ainda, poderá ter até sete atletas no banco de reservas, os quais, em número máximo de três, poderão substituir algum atleta que iniciou a partida. Esse número de substituições foi um exemplo das poucas mudanças da regra do futebol ao longo dos anos, vez que houve época em que eram permitidas quatro substituições (uma de um goleiro, mais três de atletas "de linha"), duas substituições sem distinção de atleta e, ainda, época em que não eram permitidas quaisquer substituições, nem mesmo em caso de contusão de um atleta que estivesse jogando.

A partida é disputada em 90 minutos, sem qualquer paralisação do relógio, divididos em dois tempos de 45, havendo 15 de intervalo para descanso dos atletas entre um tempo e outro. Em partidas em que não pode haver empate, este tempo pode ser prorrogado, o que ensejará a chamada "prorrogação", de 30 minutos, também sem paralisação do relógio, divididos em dois tempos de 15 minutos sem intervalo para descanso.

Em alguns casos, ainda, quando permanece o empate, há necessidade da "decisão por pênaltis", consistente numa disputa em que cada equipe terá direito a cinco tiros livres da marca do pênalti, vencendo a partida aquela que, ao final das suas cobranças, tiver o maior número de gols. Terminando empatado, as cobranças continuam até que uma equipe acerte sua cobrança e a outra a erre, nas chamadas "cobranças alternadas".

Como já mencionado, o objetivo do jogo é a marcação de gols através da transposição da bola, esta que tem de 68 a 71 centímetros de circunferência e de 396 a 453 gramas de peso, pela linha das metas, vencendo a partida a equipe que fizer mais gols durante o tempo de jogo.

O responsável pela condução da partida é o árbitro, que será auxiliado por dois "bandeirinhas", chamados oficialmente de árbitros auxiliares, os quais, como o próprio nome diz, auxiliam o árbitro em lances ocorridos em momentos em que este não pode ver, seja pela distância, seja por ter sua visão encoberta por jogadores.

---

6. GUILHERME, Paulo. *Goleiros, heróis e anti-heróis da camisa 1*. São Paulo: Alameda, 2006. p. 16.

Capítulo I

A HISTÓRIA DO FUTEBOL NO MUNDO

1.1 – A ORIGEM DO FUTEBOL[1]

O futebol é uma história de clubes e seleções nacionais, um jogo de equipe, mas que proporciona o destaque de alguns jogadores individualmente considerados, o que acaba interferindo nas relações jurídicas a ele inerentes, sejam civis, sejam trabalhistas.

O fascínio do futebol o coloca como um invento marcante da história da sociedade mundial, assim como ocorreu com o telefone celular, com o microcomputador e com grandes descobertas na seara médica.

A origem do futebol é uma história cheia de simbolismos, deuses e jogos. Há muito tempo os esportes acompanham as grandes civilizações da história, e foi através deles que o futebol foi concebido, tomou forma e foi sendo refinado.

Há 3.400 anos, na região do México, os meso-americanos jogavam o primeiro esporte de equipe, que usava uma bola de borracha. Mais tarde, os maias acabaram absorvendo o jogo, sendo que para eles a bola simbolizava o sol, o poder e a fertilidade. Neste jogo, o capitão da equipe derrotada era sacrificado aos deuses.

Na China, por sua vez, um esporte parecido chamado *sochu* celebrava a vida, e não a morte. Por volta de 136 a.C., foi descrito como sendo algo jogado com uma bola redonda, num campo quadrado, assim como o céu e a terra, sendo que a bola voava sobre os jogadores como o sol, enquanto os dois times se enfrentavam.

Este jogo foi levado para o Japão com o nome de *kemari*. O *kemari* era jogado por 6 ou 8 pessoas, as quais não eram dividas em times, ninguém ganhava e ninguém perdia, apenas servia de diversão para os praticantes. Para os japoneses, esta é a origem do futebol, nos moldes como vemos nos dias de hoje. Contudo, especialistas afirmam que o *kemari* era mais um cerimonial religioso do que propriamente um jogo.

Para os romanos, os jogos eram vistos como lutas e combates, que normalmente levavam à morte. Inclusive as torcidas acabavam se enfrentando. Contudo, os romanos não praticavam esportes com bola em suas arenas. O *harpastum*, jogo trazido da Grécia para Roma, era um jogo que utilizava uma bola, mas não

1. *A história do futebol* – um jogo mágico. Fremantle Media, publicado no Brasil por Nbo Editora, edição em DVD, 2006, capítulos 1 a 13.

era jogada nas arenas e tinha como finalidade somente condicionar fisicamente os jogadores para as corridas de bigas e também para o treinamento militar dos romanos.

Na Bretanha, mil anos depois, jogava-se um esporte parecido com o *harpastum* romano, chamado de *folke football*. Entre os historiadores, há controvérsia sobre a origem deste jogo entre os bretões, se receberam este jogo dos romanos ou se os romanos simplesmente influenciaram e modificaram um jogo que já era praticado na Bretanha anteriormente.

É deste esporte bretão que surge um dos maiores mitos da história do futebol. Historiadores contam que este esporte era jogado não com bolas manufaturadas, mas sim com cabeças humanas, surgindo daí a conhecida expressão "cabeças vão rolar". Inclusive, embora não se saiba ao certo se esta história é verdadeira ou não, tal jogo é revivido a cada dois anos em *Kirkwall*, na Escócia, desta vez utilizando uma bola de borracha, por duas equipes chamadas de "*Down The Gates*" e "*Up The Gates*", e a vitória significa boa sorte em suas atividades econômicas relacionadas à pesca e à agricultura.

Ainda nos dias de hoje, o jogo possui muito contato físico e não há regras quanto à violência. Esta, se acontece, é decorrente de rixas entre os praticantes, e não da regra do jogo propriamente dita.

Em Florença, na Itália, era jogado o *calcio*, considerado um sucessor do *harpastum* da Roma antiga. Era um jogo menos folclórico que o *folke football* da Bretanha, mas tão antigo quanto este. Sua primeira exibição, relatam os historiadores, se deu com a intenção de zombar de inimigos de guerra, o que denota o intuito violento do jogo.

Apesar de adorado pelos florentinos, o *calcio* era um jogo que evidenciava as diferenças entre classes sociais. Enquanto os nobres o jogavam nas grandes praças, com grande participação da platéia, o povo apenas se entretinha com o jogo.

Tanto entre os britânicos como entre os florentinos a realidade evidenciava a violência do esporte, sempre com pessoas vindo a morrer em razão de ferimentos, de modo que o traço marcante da época era a constante tentativa das autoridades locais em proibir sua prática. Foi exatamente isso que fez o Rei Eduardo II, no ano de 1914, na cidade de Londres.

Apesar disso, o *folke football* continuava a ser jogado mesmo em desobediência às proibições governamentais, tornando-se cada vez mais popular e apaixonante. Contudo, este esporte sofreu duro golpe no século XIX com a formação das sociedades urbanas em razão da Revolução Industrial, sendo visto como algo que atrapalhava o desenvolvimento dessas sociedades.

O *folke football* foi salvo do esquecimento nas escolas de alta classe da Inglaterra. Passou a ser jogado em locais apropriados dentro das escolas e tinha como intenção acalmar os ânimos dos alunos, chamados de "*hooligans*", que provocavam grandes tumultos nas escolas e deixavam seus professores, a maioria padres, completamente horrorizados.

As mudanças do futebol como uma prática violenta para uma prática esportiva se deu com a intervenção da Igreja. Acreditava-se que os esportes eram úteis no treinamento religioso, dizendo que se o jovem tivesse um corpo são teria uma mente sã, de modo que o jogo limpo (*fair play*) e o trabalho de equipe em campo fortaleciam os princípios morais.

Nesta época, cada escola criou sua própria forma de praticar o esporte. Uma parte delas permitia que o jogador pudesse pegar a bola com as mãos, o que desenvolveu outro esporte chamado *hugby*, enquanto outras permitiam que o jogador utilizasse somente os pés, desenvolvendo o futebol (*soccer)* conhecido por nós nos dias de hoje.

Aqueles alunos que praticavam o futebol nas escolas, ao dela saírem, desejaram continuar praticando o esporte, pelo que em 26 de outubro de 1863, num local denominado "*the freemasons arms*", na cidade de Londres, houve o primeiro encontro, com a participação de 11 equipes, para se discutir quais seriam as regras do jogo.

Porém, aquelas equipes, provenientes do *hugby,* se opuseram a qualquer tipo de regra que impedisse o jogador de tocar a bola com as mãos, criando um grande impasse. A solução só veio no dia 08 de dezembro daquele mesmo ano, quando foram proibidos o livre contato físico e o toque na bola com as mãos.

Os praticantes do antigo *folke football* britânico, nesta data, se dividiram em duas as associações: a *Football Association* e a *Hugby Association.* Porém, era muito comum se ver partidas nas quais se jogava o futebol no primeiro tempo e o rúgbi no segundo tempo.

Fato curioso é que, apesar de criado na Inglaterra, a primeira equipe organizada no estilo de jogo de toque da bola entre os jogadores foi a *Queen´s Park*, na Escócia. As principais características do jogo praticado na Inglaterra continuava ser as do rúgbi.

Atribui-se a Charles Allcook o pioneirismo na organização de campeonatos de futebol, sendo que o mais antigo deles é o *FA Cup*, ou seja, a copa da associação de futebol, chamada de Copa da Inglaterra. Este campeonato tinha formato semelhante ao utilizado nos dias de hoje nas Copas do Mundo de nações, com partidas eliminatórias nas fases finais, consideradas mais atrativas para o público.

Foi também Charles Allcook que organizou a primeira partida internacional de futebol, envolvendo as seleções nacionais da Inglaterra e da Escócia, realizada no dia 30 de novembro de 1872, na Escócia, para uma platéia de mais de 4.000 pessoas.

A Inglaterra começou este jogo com oito atacantes que não passavam a bola um para o outro, enquanto a Escócia iniciou a partida com seis atacantes que faziam jogadas entre si. Este estilo de jogo escocês, contudo, acabou penetrando na Inglaterra e foi desenvolvido, razão pela qual essa primeira partida internacional realizada é considerada uma das mais importantes da história do futebol.

Como o futebol era um esporte de elite, coube à Igreja o trabalho de levá-lo a ser praticado entre a classe trabalhadora, de modo a se tornar um esporte popular. O futebol acabou se espalhando por toda a Inglaterra e ganhou força, de fato, no norte desse país, dentro da classe trabalhadora.

O surgimento do "meio expediente" aos sábados em razão da industrialização na Inglaterra contribuiu para que os trabalhadores tivessem seus períodos de lazer bem definidos e pudessem praticar o futebol. A chegada das ferrovias também foi de muita importância, pois permitiu a criação de ligas regionais, com equipes e torcedores se deslocando pelo território inglês para os jogos.

Muitas das equipes inglesas criadas naquela época existem até os dias de hoje, como, por exemplo, o *Arsenal* (criado com o nome de *Woolwich Arsenal*) e o *Manchester United* (antes chamado de *North Manchester Railway*).

O primeiro clube inglês a ter uma sede própria para a prática do futebol foi o *Aston Villa*, que alugou um campo de um açougueiro pelo valor de 5 libras por ano.

O futebol, até então uma prática amadora do sul da Inglaterra, passou a se profissionalizar através das equipes do norte, as quais começaram a se desenvolver, pagar jogadores e a adquirir outros jogadores, especialmente vindos da Escócia.

Devido a sua qualidade e técnica na prática esportiva, os escoceses das equipes do norte da Inglaterra passaram a ser contratados pelas equipes do Sul, de modo que esta expansão não mais permitiu o controle do amadorismo pela *Football Association* e o profissionalismo cresceu até tornar o futebol jogado na liga principal totalmente profissional.

Muitos novos estádios foram construídos, as torcidas foram crescendo em grande número, de modo que se identificavam com esta ou aquela equipe, e novos campeonatos surgiram, o que tornou o futebol o centro das atenções. O futebol se tornou uma paixão de multidões, pois havia grande ligação dos torcedores com as equipes e seus jogadores.

Em 1904 foi fundada a *Federation Internationale de Football Association – FIFA*, inicialmente integrada por sete nações, possuindo atualmente 204 membros, mais membros do que a Organização das Nações Unidas – ONU, por exemplo.

É através da FIFA que ganha prevalência a conduta esportiva amigável do futebol, com ênfase no respeito ao adversário e aceitação da derrota, o que se denomina *fair play*, ou "jogo limpo" na língua portuguesa, o que vigora até os dias de hoje.

Em 1908 o futebol foi incluído como esporte olímpico pela primeira vez, sendo que a Grã-Bretanha foi representada por um time amador da Inglaterra. Na verdade, foram os jogos das equipes amadoras de Inglaterra que despertaram o interesse de outros países pelo futebol, especialmente nas grandes cidades da Europa Central, como Praga, Budapeste e Viena, destinos preferidos das equipes amadoras da Inglaterra.

A atração pelo futebol na Inglaterra era enorme, tanto que no ano de 1913, na partida que decidia a Copa da Inglaterra entre as equipes do *Aston Villa* e do *Sanderland*, mais de 120 mil pessoas acompanhavam o espetáculo ao vivo no estádio.

O futebol se espalhou não só pela Inglaterra, mas também pela Europa Ocidental, América do Sul e muitos outros lugares.

Na Europa, especialmente, o êxodo da mão-de-obra profissional para as indústrias fez com que o futebol também fosse espalhado. Rapidamente, os países absorveram a prática do futebol, salvo na Alemanha, onde o jogo era visto de forma negativa, puramente como um produto inglês, numa época em que a Inglaterra era vista como adversária política da Alemanha.

Somente após a Primeira Grande Guerra e com o surgimento de um governo democrata na República de Weimar é que o futebol passou a ser jogado de maneira triunfante na Alemanha. Isso se deu em razão de a Constituição de Weimar de 1919 prever uma jornada de 8 horas diárias de trabalho, o que permitiu que os trabalhadores tivessem tempo para praticar o futebol, o que não ocorria na parte imperial da Alemanha, onde os trabalhadores exerciam seu labor sem folga.

Porém, os primeiros adversários a ameaçarem o domínio da Inglaterra no cenário futebolístico europeu eram provenientes da chamada "escola do Danúbio", ou seja, equipes vindas justamente de Praga, Budapeste e Viena, mas isso de fato não se concretizou em razão da intensa rivalidade entre as equipes dessas cidades.

Mas, com a Primeira Guerra Mundial e a morte de milhões de homens em combate, o cenário político e geográfico da Europa Central se modificou e, com ele, também o futebol naquela região. O esporte passou a ser visto como uma grande forma de demonstração de sentimentos nacionalistas.

A seleção nacional da Tchecoslováquia se tornou uma grande força em campeonatos realizados pelos "países aliados" no pós-guerra, e principalmente nos jogos olímpicos.

Em 1920, a Áustria foi o primeiro país fora da Grã-Bretanha a aceitar o futebol profissional, numa época em que o futebol atraía cada vez mais espectadores. Nesse período, as quatro melhores seleções européias eram Inglaterra, Áustria, Tchecoslováquia e Hungria.

Em 1927, foi realizado o primeiro campeonato europeu de clubes, a *Copa Mitrofa*. Neste campeonato, as duas equipes finalistas foram o *Sparta* de Praga e o *Rapid* de Viena, ambas equipes saídas das classes trabalhadoras de seus países, sendo que a equipe da Tchecoslováquia se tornou a primeira campeã européia de clubes.

Os anos de 1930 viram nascer um novo domínio no futebol da Europa: a Itália fascista de Mussolini, o qual valorizava o futebol pelo valor político que representava. Com o investimento fascista no futebol e na preparação dos atletas, a Itália derrotou todos os seus adversários nesta década, inclusive conquistando dois títulos de campeão da recém-criada Copa do Mundo pela FIFA, nos anos de

1934, realizada na própria Itália, numa final contra a Tchecoslováquia, e 1938, realizada na França, numa final contra a Hungria.

A Itália também se tornou a primeira vencedora da Copa Européia de Nações em 1930 e campeã das Olimpíadas de 1936, quando venceu a Áustria.

Com estas três vitórias importantes em 1934, 1936 e 1938, a seleção nacional italiana havia vencido todas as seleções da "escola do Danúbio" e provado definitivamente sua superioridade no cenário futebolístico europeu "entre-guerras".

A Liga Italiana de Clubes se tornou uma das mais importantes ligas européias de clubes nesta década, e mais de 100 jogadores estrangeiros atuavam por equipes italianas dado o seu prestígio, ficando atrás apenas da liga da Tchecoslováquia, onde se pagavam os maiores salários da Europa para atletas de futebol.

Contudo, a grande ausência nas competições internacionais durante a expansão do futebol pela Europa foi da Inglaterra e seus clubes, vez que este país não era membro da FIFA, entidade criada para organizar o futebol mundial. A primeira participação da seleção nacional inglesa em Copas do Mundo ocorreu em 1950, no Brasil, quando acabou sendo eliminada, de forma inexplicável, na primeira rodada pela seleção dos Estados Unidos, num jogo memorável no Estádio Independência, na cidade de Belo Horizonte.

Durante a ausência da Inglaterra das competições internacionais, três partidas amistosas foram disputadas entre a seleção inglesa, considerada a melhor do mundo, e a seleção italiana, de fato vencedora das competições entre nações e, em todas elas, a seleção inglesa saiu vencedora, uma delas inclusive na cidade de Turim, pelo placar de 4 a 0, na pior derrota da seleção italiana jogando na Itália, o que causou grande chateação entre os italianos.

Apesar disso, a seleção nacional da Hungria, que disputou a Copa do Mundo de 1954, na Suíça, ainda hoje é considerada uma das mais brilhantes equipes européias de todos os tempos, mas que, apesar disso, acabou sendo derrotada na decisão daquele torneio pela seleção nacional da Alemanha Ocidental, pelo placar de 3 a 2, mesmo tendo vencido esta mesma equipe na fase preliminar pelo placar de 8 a 3, numa das grandes goleadas conhecidas na história das Copas do Mundo da FIFA.[2]

Esta seleção húngara, inclusive, conseguiu uma façanha até então inimaginável, que foi vencer a seleção nacional da Inglaterra, em Londres, no estádio de *Wembley*, pelo placar de 3 a 0, na primeira derrota da seleção inglesa dentro de seus domínios em 72 anos.

O que se viu no cenário mundial, após 1954, foram muitos anos de triunfos da seleção nacional da Alemanha, que chegou a sete finais de Copa do Mundo (1954, 1966, 1974, 1982, 1986, 1990 e 2002), sagrando-se campeão em 03 delas (1954, 1974 e 1990).

---

2. *Fifa Fever* – O melhor da história do futebol, produzido por Focus Filmes e TWI/FIFA, distribuído no Brasil por Conquest Distribuidora de Filmes Ltda., edição em DVD, 2006.

Entre os países europeus, até os dias de hoje, a seleção alemã é a que possui o maior número de presenças em finais de Copas do Mundo, em que pese possuir apenas três conquistas, enquanto a Itália, vencedora da Copa do Mundo FIFA de 2006, possui quatro conquistas, sendo a maior vencedora depois da seleção brasileira.

Na África, o futebol também foi introduzido pelos ingleses. Foram os missionários, professores, administradores e soldados provenientes das escolas de elite na Inglaterra os responsáveis pela propagação do esporte pelos países africanos colonizados, no chamado Império Britânico.

O futebol foi levado para os africanos como uma forma de ensinar os garotos a se tornarem "cavalheiros cristãos", vez que a principal virtude do jogo era o espírito de equipe entre os praticantes. Assim, além da Bíblia Sagrada para o ensino da religião, o instrumento de evangelização do povo africano era uma bola de futebol.

O povo africano não se converteu necessariamente ao cristianismo, mas aprendeu muito sobre o futebol, sendo o Egito a primeira nação africana a se destacar no cenário mundial do futebol.

Esta realidade não foi similar em todos os países africanos. Aqueles colonizados pelos franceses eram marcados pela segregação racial, de modo que a elite branca não se misturava com os negros colonizados, os quais não tinham *status* de cidadãos, fato que se verificava também no futebol, onde os times formados por negros não podiam jogar contra os times dos brancos, representados pelos franceses colonizadores.

Com o passar dos anos, o futebol foi se tornando muito popular na África. Apesar disso, a distância entre o desenvolvimento do futebol neste continente em relação ao futebol europeu era muito grande. Prova disso foi uma partida amistosa disputada em 1954, entre a seleção da Hungria e a seleção do Egito, que apresentou o placar de 12 a 0 a favor dos húngaros.

A Confederação Africana de Futebol – CAF foi criada em 1957 no Sudão e, inicialmente, tinha como integrantes apenas Etiópia, Sudão, Egito e África do Sul.

Em comemoração à criação da CAF, foi organizado o primeiro campeonato africano de seleções, disputado pelos países fundadores da instituição. Contudo, a África do Sul não pôde participar do torneio vez que, em razão do *apartheid*, não poderia formar uma seleção composta por brancos e negros, considerado intolerável entre os demais membros da confederação.

Este fato causou, inclusive, a exclusão da África do Sul, em 1960, como membro da Confederação Africana de Futebol. Durante os 30 anos que se seguiram, nenhum país favorável ao *apartheid* foi admitido como membro da CAF. Nesta época, os membros da CAF defendiam a idéia de que os africanos eram "um só povo, um só continente, com um só destino" (*we are one people one continent with one destiny*).

O primeiro país a se sagrar campeão africano de seleções foi o Egito, vencendo a Etiópia na decisão pelo placar de 4 a 0, confirmando seus *status* de país com o futebol mais desenvolvido na África.

Os membros da CAF, nessa época, inclusive pressionaram a FIFA para que também excluísse a África do Sul dentre seus membros, o que causou um conflito muito grande de idéias entre o presidente da CAF e o presidente da FIFA, acusado de não respeitar os ideais africanos.

Com a mudança no comando da FIFA, que passou a ser presidida pelo brasileiro João Havelange, a África do Sul foi excluída desta entidade em 1976.

Nos anos de 1990 e a ascensão de Nelson Mandela à condição de presidente da república na África do Sul, pondo fim ao *apartheid*, o país se unificou e passou a crescer, e a seleção nacional de futebol ajudou neste crescimento, disputando inclusive uma copa do mundo.

Mas, entre os africanos, provavelmente a nação mais apaixonada pelo futebol é a República de Camarões, famosa pelo empate conseguido contra a Itália na Copa do Mundo de 1982 e pela brilhante campanha na Copa do Mundo de 1990, quando chegou até as quartas-de-final, na primeira grande campanha de uma nação africana em Copas do Mundo, tendo, antes, vencido a seleção argentina, campeã de 1986.

A República de Camarões, inclusive, veio a se sagrar em 2000 como campeã no futebol dos Jogos Olímpicos disputados na Austrália, vencendo, inclusive, a seleção brasileira.

Até os dias de hoje, o futebol é muito popular na África, a ponto de a FIFA ter escolhido a África do Sul como país-sede da Copa do Mundo de 2010.

Na América Latina, por sua vez, não houve grande resistência à chegada do futebol. Inicialmente, era apenas praticado pela elite, em clubes de cavalheiros, situação que mudou radicalmente com a chegada das ferrovias. Em verdade, é possível afirmar-se que para onde as ferrovias iam o futebol era introduzido.

O futebol se tornou para o povo um meio de expressão cultural, uma forma de demonstrar a identidade local, vez que cada país o praticava de formas diferentes, dentro das mesmas regras. De tão simples que é a prática do futebol e suas regras, um menino consegue jogá-lo apenas chutando a bola contra a parede, dois meninos conseguem jogá-lo chutando contra o gol, e quatro meninos já formam duas equipes. São raros nos dias de hoje os locais onde o futebol ainda não tenha chegado, sendo um esporte democrático e universalmente aceito.

1.2 – O FUTEBOL E A CULTURA[3]

Cultura é, sobretudo, um sistema de símbolos que as pessoas criam para se comunicar e se identificar. O futebol, também, é uma parte importante desse

3. *A história do futebol* – um jogo mágico. Fremantle Media, publicado no Brasil por Nbo Editora, edição em DVD, 2006, capítulos 01 a 13.

sistema, vez que a cultura do futebol tem suas particularidades que espelham as características de cada país.

Em Gana, um dos países africanos mais tradicionais no futebol, por exemplo, houve grande resistência por parte dos colonizadores ingleses pelo fato de o futebol ser jogado por atletas calçados com chuteiras, já que era comum a prática do esporte sem qualquer tipo de calçado. Em razão disso, os atletas jogavam calçados no primeiro tempo e descalços no segundo tempo.

Nesse país, é tradição o futebol ser jogado pelos grandes clubes locais em campos de terra e cheios de buracos, tudo sob o olhar de milhares de torcedores, todos em pé ao redor do local do jogo.

Por toda a África, o futebol era um meio de unir as nações contra as forças colonizadoras e as divisões internas, causadas pelas inúmeras tribos existentes nos países africanos.

Nos Estados Unidos da América, por outro lado, o futebol é nos dias de hoje o esporte mais popular entre os jovens estadunidenses, especialmente pelo grande sucesso do time feminino de futebol dos Estados Unidos e de o país ter sido a sede da Copa do Mundo de 1994.

No entanto, o futebol é coisa antiga nos Estados Unidos; sua seleção nacional é reconhecida na história como a primeira a derrotar, em uma Copa do Mundo uma seleção da Inglaterra, no ano de 1950, na cidade de Belo Horizonte.

O futebol em Gana e nos Estados Unidos da América mostra bem o contraste do esporte na cultura dos países: enquanto em Gana o futebol é jogado em campos de terra e esburacados, nos Estados Unidos é praticado em grandes estádios com capacidade para milhares de torcedores e ótimas instalações para as transmissões ao vivo pela televisão.

No Irã, um país dominado por doutrinas religiosas fundamentalistas, o futebol teve que lutar muito para ser reconhecido, vez que a cultura islâmica era hostil no princípio aos praticantes do esporte.

Devido às boas relações diplomáticas da Inglaterra com a antiga Pérsia, o futebol sempre fez parte do cenário do povo iraniano, mas não podia ser praticado em razão das restrições religiosas quanto ao uso dos uniformes pelos praticantes.

Somente com a classificação da seleção iraniana para a Copa do Mundo de 1998 é que o futebol passou a ter lugar de destaque na cultura do Irã. Antes disso, o Irã já havia participado da Copa do Mundo de 1978, na Argentina, e conquistado três títulos de campeão da Copa Asiática de nações (1968, 1972 e 1976), mas o brilho do futebol iraniano foi apagado em 1979 com a revolução fundamentalista islâmica e o conseqüente encerramento das atividades da Liga Iraniana de Futebol e o fechamento dos dois maiores clubes naquele país e, posteriormente, com a guerra contra o Iraque e a morte de mais de quinhentos mil jovens iranianos.

Contudo, o mundo jamais se esquecerá da partida entre as seleções nacionais do Irã e dos Estados Unidos, grandes rivais políticos, durante a Copa do

Mundo de 1998, quando o futebol prevaleceu sobre crenças e discórdias entre as duas nações.

Na Espanha, ocorre outro fator cultural interessante. O país é dividido em várias regiões, cada uma representada por sua seleção local, o que faz com que a seleção nacional do país não tenha um estilo próprio, mas sim uma conjugação de estilos regionais.

Na história do futebol na Espanha, relata-se ainda o fato de que muitos jogadores, inclusive, se recusavam a atender às convocações para jogarem pela seleção espanhola, preferindo continuar jogando por seus clubes ou pelas suas seleções regionais.

As seleções regionais na Espanha têm permissão da FIFA para jogar apenas uma ou duas vezes por ano, sempre em jogos festivos. Quando se reúnem, os jogadores das seleções regionais expressam um sentimento patriótico, representativo do desejo de emancipação em relação à Espanha.

Quando se enfrentam, por exemplo, Barcelona e Athletic de Bilbao pela liga espanhola, nada mais está acontecendo do que um confronto entre as regiões da Catalunha e dos Países Bascos, pondo em campo toda a rivalidade política destas regiões.

Muitos apontam, inclusive, que o sonho dos garotos que iniciam suas carreiras de futebol na Espanha é jogar pela seleção local de sua região, e não pela seleção nacional espanhola. Existem equipes, até que só aceitam atletas nascidos na própria região, como o caso do Athletic de Bilbao, nos países bascos.

Este regionalismo é considerado por grande parte dos estudiosos de futebol como a grande causa do insucesso das seleções nacionais espanholas em campeonatos internacionais.

Capítulo II

A HISTÓRIA DO FUTEBOL NO BRASIL[1]

O brasileiro é fascinado pelo futebol, enquanto o resto do mundo, em verdade, é fascinado pelo jeito que o futebol brasileiro é jogado.

O Brasil é um país marcado pela miscigenação de raças. São índios que viviam no Brasil antes do descobrimento, negros provenientes do período de escravidão africana e também brancos vindos da Europa no final do século XIX em busca de melhores condições de trabalho, mão-de-obra que substituiu a escrava após a Lei Áurea de 13.05.1888.

Segundo *Domingos Sávio Zainaghi:*

> "o futebol chegou em 1878, através dos tripulantes do navio "Criméia", que ao chegarem no Rio de Janeiro disputaram uma partida na R. Paiçandu. Nesse período foram disputadas partidas em São Paulo e em Jundiaí, havendo informações de que um sacerdote introduziu a novel prática esportiva entre os alunos do colégio São Luiz de Itu."[2]

Mas foi através de um anglo-brasileiro, chamado Charles Miller, que retornava da Europa após um período de estudos que o futebol chegou efetivamente ao Brasil.

Sobre Charles Miller, *Orlando Duarte* faz os seguintes comentários:

> "Charles Miller não trouxe só as duas bolas. Trouxe também calções, chuteiras, camisas, bombas de encher a bola e a agulha. Foi o início dessa 'loucura' que é o futebol entre nós. Charles Miller faleceu em 1953, em São Paulo, na cidade onde nasceu. Foi um ótimo jogador, artilheiro, estimulador da prática do futebol, criador da jogada 'Charles', que depois virou 'chaleira'. Miller foi também um bom árbitro. Era um apaixonado 'torcedor' de futebol, e responsável por tudo o que aconteceu depois. No início tudo era importado da Inglaterra, inclusive os ternos usados e livros de regras."[3]

Na época de sua chegada, não havia praticantes do futebol no Brasil, pelo que coube a Charles Miller a dura tarefa de ensinar o esporte aos brasileiros, des-

---

1. *A história do futebol* – um jogo mágico. Fremantle Media, publicado no Brasil por Nbo Editora, 2006.
2. ZAINAGHI, Domingos Sávio. *Op. cit.*, p. 28.
3. DUARTE, Orlando. *Todos os esportes do mundo.* São Paulo: Makron Brooks, 1996. p. 88.

de as dimensões de um campo, passando pelas regras do esporte, e até mesmo a técnica para sua prática.

Como na maioria dos países pelo mundo afora, também no Brasil o futebol foi, no princípio, um esporte praticado somente por cidadãos brancos da alta sociedade, sendo vedada a participação de trabalhadores, de pessoas com menores condições financeiras e dos negros.

Os primeiros clubes a se dedicarem à prática do futebol foram o *São Paulo Athletic Club*, equipe na qual jogava Charles Miller, a *A. Mackensie*, o *Sport Club Internacional* e o *Sport Club Germânia*. Em 1901 foi fundada a *Liga Paulista de Football*, que instituiu a cobrança de ingressos nos estádios para que o torcedor pudesse assistir a uma partida.

O primeiro campeonato de futebol organizado no Brasil foi o Campeonato Paulista de 1902, que teve como campeão o *São Paulo Athletic Club* e Charles Miller como primeiro artilheiro.

Em 1906 foi formada a primeira liga de futebol no Estado do Rio de Janeiro, a Associação Metropolitana de Futebol, sendo que seus principais clubes eram Flamengo, Botafogo e Vasco da Gama, os quais já existiam para a prática do remo, razão pela qual conservam até os dias de hoje a expressão "regatas" em seus nomes oficiais.

Um fato marcante desta época eram as constantes turnês de equipes brasileiras para jogar contra as equipes inglesas, a mais famosa aquela realizada no ano de 1910 por um grande clube inglês chamado "*Corinthians*", que de tão bem-sucedida acabou dando origem à fundação de um clube na cidade de São Paulo com o mesmo nome da equipe inglesa, em sua homenagem.

Em 1914 surgiu a *Federação Brasileira de Sports*. Em 1916, foi a vez da *Confederação Brasileira de Desportos – CBD*, entidade responsável pela organização e administração dos esportes amadores, o que obrigou a criação, em 1923, da *Federação Brasileira de Futebol – FBF*, responsável pelo futebol profissional.

O primeiro clube brasileiro a fazer uma turnê pela Europa foi o Clube Atlético Paulistano, no ano de 1925.

Ao longo dos anos, cada esporte foi ganhando sua confederação de nível nacional, e coube à *Confederação Brasileira de Futebol – CBF* a organização do futebol no Brasil. É de se destacar, ainda, a existência das federações estaduais, organizando o futebol em nível regional, como são, por exemplo, as Federações Paulista e Gaúcha de Futebol.

O Vasco da Gama foi o primeiro clube brasileiro a aceitar negros em suas equipes. No princípio, tal conduta foi muito criticada, inclusive pelas demais equipes, as quais se recusavam a jogar contra essa equipe. Estes críticos sequer podiam imaginar que justamente a presença do jogador negro no futebol brasileiro faria dele como é conhecido por todo o mundo.

Em 1930, o Brasil enviou uma equipe para participar da primeira Copa do Mundo de Futebol, disputada no Uruguai, na qual não passou da primeira fase.

Contudo, até os dias de hoje, o Brasil é o único país do mundo a ter participado de todas as Copas do Mundo.

Até 1937, as duas grandes discussões existentes eram acerca da presença do negro no futebol brasileiro e o profissionalismo do esporte. Nesse mesmo ano, aconteceu a fusão entre a Federação Brasileira de Futebol e a Confederação Brasileira de Desportos, o que marcou definitivamente o profissionalismo no futebol brasileiro.

Em 1938, na época da Copa do Mundo da França, tais discussões haviam praticamente se encerrado. Os brancos descendentes de europeus estavam deixando o Brasil para jogar por times da Europa, enquanto os dois maiores jogadores da seleção brasileira (Leônidas da Silva e Domingos da Guia) eram negros. O Brasil acabou sendo eliminado nas semifinais deste mundial.

Fato apontado pelos historiadores como marcante para o desenvolvimento do futebol no Brasil, especialmente no sentido da qualidade, é a habilidade para jogar futebol sem a bola nos pés, diferente dos demais países do mundo, fazendo do jogo verdadeiro "bailado", inserido através dos conhecimentos da capoeira trazidos pelos negros da África.

Em 1950, o Brasil sediou a Copa do Mundo de futebol pela primeira e única vez, contando com a participação de seis cidades, dentre elas o Rio de Janeiro, que possuía o maior estádio do mundo, o Maracanã, com capacidade para mais de 200.000 torcedores.

A derrota para o Uruguai na decisão, ao invés de provocar o descrédito do futebol no Brasil, serviu, ao contrário, como incentivo para a busca de melhores resultados. Apesar disso, até os dias de hoje aquela partida realizada em 16 de julho de 1950 é lembrada como a maior derrota do futebol brasileiro em todos os tempos.

Depois desse acontecimento, o futebol brasileiro passou por um período de mudanças e também cobranças. Muitos torcedores culparam o goleiro Barbosa da seleção de 1950 pela derrota, pelo simples fato de que ele era negro, tamanhos eram o fanatismo e a tristeza do povo brasileiro por causa da perda da Copa do Mundo em território nacional.[4]

O povo brasileiro precisava, então, de algo novo em relação ao futebol, considerado a paixão nacional, o que de fato só veio a ocorrer no ano de 1958, na Copa do Mundo disputada na Suécia, que marcou não somente a primeira conquista da seleção brasileira, mas também o surgimento do melhor jogador de todos os tempos: Edson Arantes do Nascimento, o Pelé, que quarenta anos mais tarde viria a ser o autor da atual lei regente das relações jurídicas trabalhistas do atleta de futebol no Brasil, batizada de "Lei Pelé".

Tudo seria normal não fosse o fato de que Pelé tinha apenas 17 anos de idade e era negro, o que parecia um contra-senso para os torcedores que oito anos

---

4. GUILHERME, Paulo. *Op. cit.*, p. 101.

antes haviam culpado um negro pela derrota para o Uruguai na Copa do Mundo de 1950 e o acusavam de trazer "má sorte" por ser negro.

Aquela equipe era composta, ainda, por jogadores como Garrincha, Zagallo, Bellini e Didi. Foi também num jogo contra o País de Gales, nas quartas-de-final da Copa do Mundo, que Pelé marcou seu primeiro gol pela seleção brasileira em Copas do Mundo.

O futebol brasileiro, desde então, passou a ser respeitado no mundo todo, especialmente pelo fato de que a cor da pele de seus jogadores era irrelevante. O futebol tem espaço na cultura brasileira como em nenhum outro país, inclusive na Inglaterra, onde foi criado nos moldes atualmente conhecidos.

Em 1962, no Chile, a seleção brasileira de futebol conquistava o segundo título mundial, desta vez liderada por Garrincha, em razão de Pelé ter sofrido contusão, na segunda partida do campeonato, que o tirou de todas as demais.

Em 1964, com o golpe militar, houve uma mistura entre futebol e política, de modo que os generais da época procuravam se promover à custa do prestígio da seleção brasileira, também com a interferência na escalação de jogadores, que resultou inclusive na exclusão do até então técnico João Saldanha dois meses antes da Copa do Mundo de 1970, substituído por Zagallo.

Foi nesse clima que a seleção brasileira viajou para o México, no ano de 1970, para a disputa da Copa do Mundo. Com a conquista do terceiro título mundial, vencendo todas as partidas disputadas, a seleção brasileira, composta por jogadores como Pelé, Rivelino, Jairzinho, Tostão e o capitão Carlos Alberto Torres, é até hoje considerada pela grande maioria dos amantes do futebol como a maior equipe de todos os tempos.

Após os triunfos dos anos de 1950 até 1970 e os três títulos de campeão nas Copas do Mundo de 1958, 1962 e 1970, anos difíceis se seguiram para as seleções nacionais do Brasil, ficando 24 anos sem chegar a uma final de Copa do Mundo. Contudo, a paixão do brasileiro pelo futebol jamais se esfriou, ficando restrita ao plano interno dos campeonatos regionais e nacionais brasileiros.

Com fracassos da seleção nacional de futebol, clubes como Flamengo (1981), Grêmio (1983) e São Paulo (1992 e 1993) foram responsáveis pelas conquistas de nível internacional para o futebol brasileiro por seus títulos de campeão mundial interclubes. Antes deles, somente o Palmeiras, em 1951 (conquista ainda não reconhecida oficialmente pela FIFA) e o Santos nos anos de 1962 e 1963 haviam conseguido tal glória.

Em 1994, guiada por jogadores como Romário, Dunga e Bebeto, dirigidos por Carlos Alberto Parreira, a seleção brasileira de futebol derrotou a Itália na final da Copa do Mundo realizada nos Estados Unidos e se sagrou tetracampeão do mundo, reacendendo uma chama de paixão no coração do torcedor brasileiro, que permanecera apagada por 24 anos.

Dentre os títulos mundiais da seleção brasileira, o de 1994 é considerado por muitos como o de menor brilho, aquele que apresentou uma seleção jogando um futebol mais defensivo do que ofensivo, mais parecido com o estilo europeu (fato este negado com veemência pelo então treinador *Carlos Alberto Parreira*, para quem, mesmo jogando mais defensivamente, a seleção brasileira não deixou de jogar com seu estilo próprio e já tradicional) e, por esse motivo, foi também uma das mais criticadas pelos jornalistas e pelo povo brasileiro.

Sobre a conquista de 1994, assim se manifestou *Carlos Alberto Parreira*:

> "O Brasil estava há 24 anos sem vencer um Mundial e, sendo o país do futebol, a pressão a que a comissão técnica era submetida desde as eliminatórias, um ano antes, era quase insuportável. Tanto que, quando fomos campeões, pensei em nunca mais voltar ao cargo de técnico da seleção. Nós fomos massacrados impiedosamente pela mídia e por parte da torcida. Talvez nenhuma comissão técnica, nenhum treinador, nenhuma equipe tenham sofrido o que sofremos antes de 1994. Mas o grande mérito da comissão foi perseverar, não desistir nunca, manter-se fiel à filosofia de trabalho, acreditar no que estávamos fazendo e manter-se firme até a conquista final."[5]

Em 1995, a equipe gaúcha do Grêmio voltou aos gramados do Japão para mais uma decisão intercontinental. Mas, na busca por sua segunda conquista, acabou sucumbindo diante do Ajax da Holanda, fato que voltou a se repetir no ano de 1997 com o Cruzeiro de Belo Horizonte, derrotado pelo *Borussia Dortmund* da Alemanha.

No ano de 1998, mais uma grande derrota entristeceu o futebol brasileiro. Após uma grande Copa do Mundo, a seleção brasileira, liderada por Ronaldo e dirigida novamente por Zagallo, falhou no seu desafio de manter o título de campeão mundial conquistado em 1994 e, diante de um estádio lotado de fanáticos franceses na cidade de Paris, foi derrotado pela seleção nacional francesa e, pela segunda vez, seria vice-campeã mundial.

No mesmo ano de 1998, a equipe do Vasco da Gama do Rio de Janeiro foi derrotada na final do Mundial Interclubes pelo Real Madrid da Espanha, fato que se repetiu no ano de 1999 com o Palmeiras de São Paulo, derrotado pelo inglês Manchester United, quando buscava seu segundo título mundial de clubes.

Em 2000, no primeiro Campeonato Mundial de Clubes organizado pela FIFA, o brasileiro Corinthians se tornou o primeiro campeão mundial de clubes sem que, previamente, tivesse conquistado um campeonato sul-americano (Taça Libertadores da América), no primeiro e único torneio mundial de clubes que não foi disputado no Japão, conquista até hoje muito contestada por muitos, principalmente torcedores das equipes rivais, mas muito comemorada pelos torcedores do Corinthians.

A seleção brasileira viria a se tornar pentacampeã mundial de futebol na Copa do Mundo de 2002, disputada no Japão e na Coréia do Sul, novamente vencendo todas as partidas disputadas, num torneio que marcou o fato de ter sido a

---

5. PARREIRA, Carlos Alberto. *Formando equipes vencedoras*. Rio de Janeiro: Best Seller, 2006. p. 132.

terceira final consecutiva de uma seleção nacional, até então somente conseguida pela seleção nacional da Alemanha nos anos de 1982, 1986 e 1990 e que, para muitos, dificilmente voltaria acontecer. Esqueceram-se tais críticos de que, em se tratando de futebol, tudo é possível, ainda mais quando o futebol brasileiro estiver envolvido.

Por fim, a última conquista de nível mundial do futebol brasileiro foi conseguida pelo São Paulo, no ano de 2005, quando conquistou seu terceiro título Mundial Interclubes, o segundo organizado pela FIFA, vencendo o Liverpool da Inglaterra pelo placar de 1 x 0, na cidade de Yokohama, no Japão, no mesmo local onde a seleção brasileira de futebol, três anos antes, conquistava seu 5º título da Copa do Mundo.

O fato é que, seja na vitória, seja na derrota, o futebol brasileiro se tornou um sinônimo de Copa do Mundo. O Brasil é um país onde todo garoto cresce sonhando em, um dia, ser jogador de futebol, onde todo jogador de futebol alimenta o sonho de, um dia, ser como o maior jogador do mundo de todos os tempos, o brasileiro Pelé.

Em resumo, não há no mundo outra modalidade esportiva que mais atraia multidões do que o futebol. O futebol é objeto de liberação de frustrações e dificuldades impostas naturalmente ao ser humano, sendo certo afirmar-se que tal liberação ocorre na prática do futebol, mas principalmente na atuação do homem como espectador desta prática.

Contudo, os "artistas" deste espetáculo, os jogadores de futebol, prestam serviços para os clubes aos quais estão vinculados, mas também tiram deste trabalho o sustento próprio e de suas famílias, razão pela qual se faz necessária a atuação do Direito Juslaboral para regular essas relações jurídicas de labor, as quais geram inúmeras controvérsias por suas características próprias, diversas daquelas gerais inerentes ao trabalhador comum.

Futebol é paixão, é religião, é política e é cultura. Uma Copa do Mundo de futebol no Brasil é capaz de parar o país durante um jogo da seleção nacional, coisa que nem mesmo os Jogos Olímpicos conseguem fazer. É quase impossível numa reunião de amigos não se falar de futebol no Brasil.

Este breve relato da história do futebol no mundo e também no Brasil, talvez mais um relato de um torcedor apaixonado do que um relato propriamente histórico, foi necessário para o desenvolvimento do tema central desta narração, vez que é sob este cenário que se desenvolvem as relações jurídicas trabalhistas dos atletas de futebol brasileiros.

Ao receber uma ação movida por um atleta contra seu clube empregador, ou vice-versa, o juiz estará vivenciando um duplo papel: será, ao mesmo tempo, um cidadão brasileiro, e como tal apaixonado pelo futebol, e também o juiz responsável por decidir a questão de modo imparcial.

Em outras palavras, o juiz de direito, ao analisar uma questão relacionada ao atleta de futebol, tem a árdua tarefa de manter sua imparcialidade inerente à função de magistrado, deixando de lado sua paixão de torcedor de futebol, talvez em total prejuízo do seu "craque" preferido ou do seu time do coração.

Isso sem deixar de considerar o fato de que, durante muito tempo, houve grande envolvimento dos membros do Poder Judiciário, especialmente no Brasil, nos tribunais desportivos, tamanha a paixão do brasileiro pelo futebol, sendo certo que somente através da Resolução n. 05/2004 do Conselho Nacional de Justiça foi reconhecida a incompatibilidade entre o exercício simultâneo da Magistratura e eventual cargo em tribunais desportivos.

Por outro lado, não menos árdua é a tarefa do jurista ao estudar esse tema, de modo a manter o foco no sentido puramente jurídico do tema abordado, sem se desviar para o lado da pessoa do torcedor.

Tal situação me faz lembrar do meu colega de bancos acadêmicos, o Dr. *Jorge Juan Serra Pratz*, brilhante advogado militante na cidade de Jundiaí/SP, fanático torcedor do Barcelona e da Sociedade Esportiva Palmeiras, que foi contratado para defender os interesses de um cliente seu numa ação movida justamente contra a Sociedade Esportiva Palmeiras, motivo de inúmeros comentários "sarcásticos" entre os colegas, mas que impôs ao nobre colega a árdua tarefa de separar o profissional do torcedor.

É diante deste cenário que será desenvolvida a parte jurídica propriamente dita do presente trabalho, buscando primar sempre mais pela imparcialidade, objetivo principal deste estudo, do que pelo amor pelo futebol.

Capítulo III

O CONTRATO DE TRABALHO DO ATLETA PROFISSIONAL DE FUTEBOL NO DIREITO ESTRANGEIRO[1]

O assunto é tratado pelos ordenamentos jurídicos de grande parte dos países onde o futebol é popular, sendo certo que em muitos desses países o contrato de trabalho do atleta profissional segue as mesmas diretrizes gerais trabalhistas, enquanto em outros existem previsões específicas, como ocorre no direito brasileiro, por exemplo, como será analisado em capítulo próprio mais adiante.

3.1 – ARGENTINA

É a Lei n. 20.160 que regula este contrato perante o direito argentino. Para esta lei, jogador de futebol *"é a pessoa que se dedica à prática do futebol, de maneira profissional, perante uma entidade desportiva"*.

A regulamentação argentina é um dos exemplos de ordenamento jurídico com normas previstas em legislação própria para o contrato de trabalho do atleta profissional de futebol. Para o direito do trabalho argentino, há também a aplicação da legislação trabalhista vigente, no que for compatível com as normas especiais.

O atleta de futebol vincula-se através de um contrato escrito a uma entidade, por tempo determinado, recebendo uma retribuição em dinheiro como contraprestação. A duração do contrato não poderá ser inferior a um ano e nem superior a quatro anos.

Os deveres do empregador são: prestação de assistência médica, contratação de seguros que cubram indenizações por incapacidade (genérica ou específica, total ou parcial, ou de morte, relacionadas com a prática do futebol).

Quanto à transferência do contrato do atleta para outra entidade, pode ser definitiva ou por um prazo máximo de um ano, mas somente mediante concordância do atleta. Em caso de transferência total, o atleta terá direito a receber o valor equivalente a 10% do valor da cessão operada.

Questão interessante é a expressa previsão em lei da situação contratual do atleta nos períodos em que estiver integrando equipes representativas da associação a que esteja vinculada seu empregador, como no caso a seleção nacional argentina. Neste caso, caberá à associação arcar com todas as obrigações con-

1. ZAINAGHI, Domingos Sávio. *Op. cit.*

tratuais devidas ao atleta, mas também será credora de todas as prestações a que ele está obrigado.

O contrato firmado entre as partes deverá conter menção expressa acerca da remuneração obtida pelo atleta em partidas oficiais, amistosas vencidas ou empatadas e prêmio por classificação em torneios nacionais ou internacionais em que participe.

A remuneração deverá ser reajustada anualmente, de comum acordo entre as partes. Não havendo a mencionada composição, a questão ficará submetida ao Ministério do Trabalho, que determinará o valor do reajuste a ser observado.

A lei argentina prevê, ainda, algumas hipóteses em que a remuneração do atleta poderá ser reduzida ou aumentada para uma temporada seguinte. A redução será possível, em montante máximo de 20%, desde que observado o salário mínimo, quando a equipe for rebaixada de divisão. Do mesmo modo, em caso de ascensão de divisão, a remuneração deverá ser aumentada em 25%.

O atraso nos salários por mais de dez dias implica, após notificação prévia, a resolução automática do contrato celebrado, liberando o jogador para firmar novo contrato com qualquer outra entidade. Um traço interessante da lei argentina é que, mesmo sendo possível ao atleta pleitear judicialmente os valores devidos em razão do contrato resolvido, tal ação deverá ser proposta perante a Justiça Comum.

Na questão disciplinar, o atleta poderá sofrer sanção pecuniária não superior a um mês ou 20% da remuneração total; suspensão, sem direito à remuneração, por prazo não superior a 60 dias durante a temporada; ou rescisão do contrato.

A aplicação de tais penalidades poderá ser questionada pelo atleta perante um Tribunal Arbitral de Futebol, que é um órgão administrativo com competência para julgar os conflitos individuais envolvendo o contrato do atleta de futebol. É possível a interposição de recursos contra as decisões deste tribunal para a Câmara Nacional de Apelações do Trabalho.

A extinção do contrato poderá se dar pelos seguintes motivos: mútuo consentimento; vencimento do prazo sem prorrogação; falta de pagamento de salário vencido a mais de dez dias; descumprimento contratual; falta grave do atleta (as quais estão previstas na LCT, uma lei geral aplicada a todas as relações de trabalho).

Se a rescisão se der por culpa da entidade desportiva, o atleta poderá celebrar novo contrato com qualquer outra entidade, tendo direito, ainda, ao recebimento de indenização equivalente ao valor dos salários que teria direito até o final do ano em que ocorrer a rescisão. Por outro lado, se a rescisão se der por culpa do atleta, este ficará proibido de atuar até o dia 31 de dezembro do ano seguinte.

3.2 – ITÁLIA

O contrato de trabalho do atleta profissional de futebol, assim como o contrato dos demais praticantes de modalidades desportivas, na Itália, é regido pela Lei

n. 91, de 23 de março de 1981. Para esta lei, como menciona *Zainaghi*, esportistas profissionais:

> "são os atletas, os treinadores, os diretores técno-esportivos e os preparadores físicos que exercem a atividade esportiva em caráter remunerativo e contínuo no âmbito das disciplinas regulamentadas pelo CONI e que obtêm a qualificação das federações esportivas nacionais segundo normas emitidas pelas próprias federações, observando as diretrizes estabelecidas pelo CONI para a distinção da atividade profissional."[2]

Para a lei italiana, o contrato de trabalho do atleta de futebol poderá ser subordinado ou autônomo, este último como alternativa. A contratação autônoma do atleta poderá se dar quando:

> I – a atividade é desenvolvida no âmbito de uma única manifestação esportiva ou em várias manifestações relacionadas entre si em um breve período de tempo;
>
> II – o atleta não está contratualmente vinculado no que se refere à freqüência nas sessões de preparação ou treinamento;
>
> III – a prestação, que é objeto do contrato, mesmo se de caráter contínuo, não supera as oito horas semanais ou cinco dias por mês, ou trinta dias por ano.

Fora dessas hipóteses previstas na Lei n. 91/1981, a contratação do atleta será necessariamente subordinada.

Também a lei italiana impõe como requisito de validade do contrato a observância da forma escrita, mediante modelo previamente elaborado pelas federações desportivas e representantes dos atletas.

Por previsão legal expressa, não são aplicadas aos contratos de trabalho do atleta profissional de futebol algumas disposições da Lei n. 300/70 (relativas à liberdade e dignidade dos trabalhadores) e também aquelas limitativas da dispensa dos serviços individuais, por terem sido consideradas incompatíveis com o tipo de trabalho dos esportistas.

As demais normas gerais sobre as relações de trabalho, consideradas compatíveis, são plenamente aplicáveis, demonstrando claramente a intenção da lei em configurar a atividade das sociedades desportivas como verdadeira atividade empresarial.

O contrato será celebrado por prazo determinado, podendo durar no máximo cinco anos, prorrogáveis entre as mesmas partes, podendo, durante sua vigência, ser cedido entre as entidades, desde que o atleta concorde com essa cessão.

---

2. ZAINAGHI, Domingos Sávio. *Op. cit.*, p. 34.

Existe, também, expressa previsão na lei de direito que também será garantida à entidade que deu treinamento técnico ao atleta nas categorias de base a celebração do seu primeiro contrato profissional.

Por fim, há também a previsão de uma indenização, que pode ser estabelecida pelas federações esportivas em favor das entidades titulares do contrato anterior com o atleta, que deverá ser paga pela entidade que celebrar o novo contrato.

3.3 – FRANÇA

Para o direito francês, o contrato de trabalho dos desportistas profissionais deve ser celebrado por tempo determinado, conforme o art. D. 121-2 do Código de Trabalho.

Além da norma supramencionada, aplicável ao contrato de trabalho dos atletas profissionais em geral, existe no ordenamento jurídico francês uma regulamentação específica para o atleta de futebol.

Mencionada lei trata da transferência dos atletas de uma entidade para outra, prevendo expressamente que a transferência de um atleta da entidade onde haja celebrado seu primeiro contrato profissional para outra entidade faculta à primeira, que foi a formadora do atleta, perceber uma indenização compensatória pela formação do mesmo.

Para tanto, é necessário que o clube formador tenha proporcionado ao atleta uma formação como estagiário, com duração mínima de uma temporada e, além disso, que tal formação tenha sido realizada em um centro de formação de futebol reconhecido.

Diante disso, se extrai que essa compensação financeira pela transferência do atleta profissional de futebol somente é devida na primeira transferência e, mesmo assim, se cumpridos os requisitos legais. Contudo, se a transferência do atleta profissional francês se der para uma equipe estrangeira, a compensação mencionada na legislação poderá ser elevada para o dobro do valor devido para uma transferência realizada dentro do território francês.

3.4 – BÉLGICA

Na Bélgica, a questão do contrato de trabalho do atleta profissional é regida pela Lei do Contrato de Trabalho do Desportista Remunerado, de 24 de fevereiro de 1978, prevendo a aplicação da legislação geral trabalhista, além da própria lei específica, nas relações de trabalho do desportista.

Também neste país a duração do contrato de trabalho do atleta profissional de futebol será celebrado por escrito e por prazo determinado, podendo ter duração máxima de cinco anos, passível de renovação, mas obrigatoriamente com vencimento fixado para o dia 30 de junho.

A lei belga prevê, ainda, uma indenização equivalente à remuneração devida ao atleta até o final do contrato para o caso da rescisão unilateral deste pacto antes do término e sem motivo justo, que reverterá em favor da parte prejudicada.

Questão realmente interessante, de cunho social, é a vedação da celebração de contrato de trabalho com um atleta, a título profissional, antes que este tenha concluído seus estudos obrigatórios.

Constitui fonte do direito desportivo laboral na Bélgica, no que diz respeito ao futebol, as normas editadas pela FIFA, as quais são adaptadas pela URBSFA – Union Belge de Football, que é o órgão responsável pela organização do esporte na Bélgica (Federação Belga de Futebol).

Quanto ao contrato de trabalho, como mencionado, o mesmo deve ter seu término sempre fixado em 30 de junho. Isto porque a lei belga utiliza um sistema bem definido quanto à questão da renovação contratual e transferência do atleta.

Até 26 de abril do ano em que se der o vencimento do contrato, a entidade empregadora deverá manter negociações com o atleta, propondo a este um novo contrato, sendo que o atleta é livre para recusar esse novo contrato.

Em recusando este novo contrato, seu nome será inscrito na URBSFA em uma lista de transferências, cuja comunicação não poderá transpor o limite de 30 de abril.

É essa entidade que regulamenta a transferência do atleta profissional de futebol, especificando três tipos de transferências:

– transferência forçada – é determinada pela vontade do atleta e do seu novo clube, sem o consentimento do clube antigo. Acontece no período que vai entre 1º e 31 de maio. Para tanto, basta que o novo clube interessado pague o preço estabelecido, como base em índices previstos na lei;

– transferência livre – neste caso, há exigência de pactuação entre o atleta e as duas entidades desportivas envolvidas. Não realizada a transferência forçada, tem lugar o período para as transferências livres, que vai de 1º até 25 de junho. Aqui, o valor devido a título de compensação poderá ser livremente negociado entre as partes envolvidas. Realizada a pactuação, esta não poderá ser desfeita unilateralmente, sob pena de sanções pela federação;

Após 25 de junho, o clube se obriga a oferecer novamente a renovação do contrato ao atleta, nos moldes oferecidos anteriormente. Não sendo aceita, o clube terá até 1º de agosto para suspender o atleta. Se esta suspensão durar por mais de duas temporadas, o atleta poderá, após este período, transferir-se como amador.

– transferência administrativa – já na terceira forma, trata-se da possibilidade de intervenção atribuída a URBSFA em circunstâncias especiais.

Capítulo IV

O CONTRATO DE TRABALHO DO ATLETA PROFISSIONAL DE FUTEBOL NO BRASIL

4.1 – BREVE HISTÓRICO LEGISLATIVO

Que o futebol é o esporte mais popular no Brasil, isso todos os brasileiros sabem. Assim, mesmo com a participação inconseqüente de muitas pessoas que dirigem o futebol nacional, a paixão do povo brasileiro continua forte e pura, mantendo o futebol em evidência.

Tanto isso é verdade que, apesar dos graves momentos de crise que o futebol vem enfrentando no Brasil, os campeonatos continuam empolgando, enchendo os estádios, tanto no nível nacional, quanto regional, revelando o talento dos atletas de equipes com sede fora dos grandes centros e das capitais, a ponto de termos os dois times do interior do Estado de São Paulo como campeões da Copa do Brasil nos últimos anos, o Santo André (2004) e o Paulista de Jundiaí (2005).

Nunca os clubes estrangeiros estiveram tão interessados nos jogadores brasileiros como nos dias de hoje. Noticia-se que muitos garotos, mesmo antes de se profissionalizar, já são contratados por equipes estrangeiras, às vezes sem qualquer retorno financeiro, mas muitas delas por valores completamente fora da realidade nacional.

Apesar disso, e de toda a sua história no Brasil, o futebol demorou a ser tratado e regido pelo ordenamento jurídico como profissão, sendo por muito tempo visto apenas como um esporte amador, assim como era na sua origem.

A primeira norma legal acerca do futebol no Brasil se deu em 1941, através do Decreto-Lei n. 3.199, de 14 de abril daquele ano, responsável pela criação das Confederações, Federações e Associações, tratando também de normas genéricas relacionadas ao desporto como um todo e não somente sobre o futebol. Por meio desse Decreto, determinou-se que as relações entre as entidades desportivas e os atletas fossem reguladas por meio de normas administrativas.

Com o advento da Consolidação das Leis do Trabalho, em 1º de maio de 1943, essas relações passaram a ser por ela disciplinadas, em que pese não houvesse um regramento específico para o atleta profissional, utilizando-se, por analogia, as disposições relativas aos artistas.

Mas a primeira regulamentação específica para o atleta de futebol surgiu apenas 21 anos mais tarde, com o Decreto n. 53.820, de 24 de março de 1964. Em resumo, este decreto dispôs sobre a participação dos atletas nas partidas; o "passe", que gerava o direito ao atleta de receber o equivalente a 15% do valor da sua transferência para outro clube caso concordasse com a mesma; as férias; o intervalo entre as partidas, que não poderia ser inferior a 60 horas; seguro para os atletas; acerca do contrato de trabalho, entre outras.

Atualmente, o futebol é regido pela Lei n. 6.354, de 2 de setembro de 1976, em vigor há mais de vinte e nove anos, específica para o atleta profissional de futebol, tendo sofrido alterações pela Lei n. 8.672/93 (Lei Zico), esta que se destinava a reger o desporto em geral e, mais recentemente, pela Lei n. 9.615/98 (Lei Pelé), que também regulamentou o contrato de trabalho dos atletas profissionais em geral, revogando a Lei Zico.

Mencionadas leis, já apresentando muitos dos traços evolutivos inerentes às relações de trabalho do atleta profissional europeu, regulam o contrato de trabalho, a remuneração, a duração do trabalho, as férias, a transferência, o direito de arena, todos relativos ao atleta profissional de futebol, e o poder diretivo do empregador.

Contudo, ainda nos dias de hoje tal regramento é alvo de críticas por parte dos operadores do futebol no Brasil, sob o argumento de que, por suas disposições, acabaria por desestimular a formação de novos atletas pelos clubes brasileiros, o que, diga-se de passagem, tem sido visto na prática, especialmente pelo fato de que os jogadores brasileiros estão sendo negociados com clubes estrangeiros com cada vez menos idade, muitas vezes sem qualquer retorno financeiro para os clubes que os revelaram e os introduziram no cenário futebolístico brasileiro.

4.2 – O CONTRATO DE TRABALHO DO ATLETA PROFISSIONAL DE FUTEBOL (ATUAL REGRAMENTO JURÍDICO)

A CLT define contrato de trabalho, conforme seu art. 442, como *"o acordo tácito ou expresso, correspondente à relação de emprego"*.

Assim, contrato de trabalho, com vínculo empregatício, é o pacto tácito ou expresso, escrito ou verbal, através do qual uma pessoa física (empregado) se obriga a prestar serviços de natureza não-eventual, com pessoalidade, onerosidade e subordinação jurídica para uma pessoa física, jurídica ou ente despersonalizado.

Em outras palavras, haverá contrato de emprego, como alguns doutrinadores preferem denominar o vínculo de trabalho, quando numa relação jurídica trabalhista estiverem presentes os elementos fático-jurídicos dos art. 2º e 3º do texto consolidado, definindo, respectivamente, empregador e empregado.

O contrato de trabalho, como regra geral, pode ser celebrado sem necessariamente observar qualquer formalidade especial para que tenha reconhecida sua validade, podendo, ainda, ser celebrado por prazo determinado ou, como em regra, por prazo indeterminado.

Para *José Martins Catharino*, o contrato de trabalho do jogador de futebol é "*aquele pelo qual uma (ou mais) pessoa natural se obriga, mediante remuneração, a prestar serviços desportivos a outra (natural ou jurídica), sob a direção desta*".[1]

O contrato de trabalho do atleta profissional de futebol não segue o mesmo regramento inerente ao contrato de trabalho em geral, este regido pela CLT, mas possui regramento próprio nas Leis ns. 6.354/76 e 9.615/98.

Neste sentido, dispõe o art. 28 da Lei Pelé:

> "Art. 28. A atividade do atleta profissional, de todas as modalidades desportivas, é caracterizada por remuneração pactuada em contrato formal de trabalho firmado com entidade de prática desportiva, pessoa jurídica de direito privado, que deverá conter, obrigatoriamente, cláusula penal para as hipóteses de descumprimento, rompimento ou rescisão unilateral.
>
> § 1º Aplicam-se ao atleta profissional as normas gerais da legislação trabalhista e da seguridade social, ressalvadas as peculiaridades expressas nesta Lei ou integrantes do respectivo contrato de trabalho.
>
> § 2º O vínculo desportivo do atleta com a entidade contratante tem natureza acessória do respectivo vínculo empregatício, dissolvendo-se, para todos os efeitos legais, com o término da vigência do contrato de trabalho, salvo na hipótese prevista no § 3º, inciso II, do art. 29 desta Lei.
>
> § 3º O valor da cláusula penal a que se refere o *caput* deste artigo será livremente estabelecido pelos contratantes até o limite máximo de cem vezes o montante da remuneração anual pactuada.
>
> § 4º Em quaisquer das hipóteses previstas no § 3º deste artigo, haverá redução automática do valor da cláusula penal apurada, aplicando-se, para cada ano integralizado do vigente contrato de trabalho desportivo, os seguintes percentuais progressivos e não-cumulativos:
>
> a) dez por cento após o primeiro ano;
>
> b) vinte por cento após o segundo ano;
>
> c) quarenta por cento após o terceiro ano;
>
> d) oitenta por cento após o quarto ano.
>
> § 5º Quando se tratar de transferência internacional, a cláusula penal não será objeto de qualquer limitação, desde que esteja expresso no respectivo contrato de trabalho desportivo.
>
> § 6º Na hipótese prevista no § 3º, quando se tratar de atletas profissionais que recebam até dez salários mínimos mensais, o montante da cláusula penal fica limitado a dez vezes o valor da remuneração anual pactuada ou a metade do valor restante do contrato, aplicando-se o que for menor.

Já o art. 3º da Lei n. 6.354/76, ao tratar do contrato de trabalho do atleta, dispõe:

1. CATHARINO, José Martins. *O contrato de emprego desportivo no direito brasileiro.* São Paulo: LTr, 1969. p. 09.

"Art. 3º O contrato de trabalho do atleta, celebrado por escrito, deverá conter:

I – os nomes das partes contratantes devidamente individualizadas e caracterizadas;

II – o prazo de vigência, que em nenhuma hipótese poderá ser inferior a 3 (três) meses ou superior a 2 (dois) anos;

III – o modo e a forma da remuneração, especificados o salário, os prêmios, as gratificações e, quando houver, as bonificações, bom como o valor das luvas, se previamente convencionadas;

IV – a menção de conhecerem os contratantes os códigos, os regulamentos e os estatutos técnicos, o estatuto e as normas disciplinares da entidade a que estiverem vinculados e filiados;

V – os direitos e as obrigações dos contratantes, os critérios para fixação do preço do passe e as condições para dissolução do contrato;

VI – o número da Carteira de Trabalho e Previdência Social de Atleta Profissional de Futebol.

§ 1º Os contratos de trabalho serão registrados no Conselho Regional de Desportos, e inscritos nas entidades desportivas de direção regional e na respectiva Confederação.

§ 2º Os contratos de trabalho serão numerados pelas associações empregadoras, em ordem sucessiva e cronológica, datados e assinados, de próprio punho, pelo atleta ou pelo responsável legal, sob pena de nulidade.

§ 3º Os contratos do atleta profissional de futebol serão fornecidos pela Confederação respectiva, e obedecerão ao modelo por ela elaborado e aprovado pelo Conselho Nacional de Desportos."

Importante mencionar o fato de que, por expressa previsão no art. 96 da Lei n. 9.615/98, os incisos II e V, bem como os §§ 1º e 3º do art. 3º da Lei nº 6.354/76 foram revogados e suas matérias reguladas de maneira distinta pela atual legislação.

Feitas essas considerações acerca das disposições legais básicas aplicáveis ao contrato de emprego do atleta profissional de futebol, passaremos a analisar com mais detalhes os elementos fático-jurídicos e os elementos jurídico-formais deste contrato, os quais possuem semelhanças com o contrato de trabalho em geral, mas dele divergem em razão de suas peculiaridades.

4.3 – ELEMENTOS FÁTICO-JURÍDICOS DO CONTRATO DE TRABALHO DO ATLETA PROFISSIONAL DE FUTEBOL

Como ensina *Mauricio Godinho Delgado*, os elementos fático-jurídicos "*ocorrem no mundo dos fatos, existindo independentemente do Direito (devendo, por isso, ser tidos como elementos fáticos). Em face de sua relevância sociojurídica, são eles porém captados pelo Direito, que lhes confere efeitos compatíveis (por isso devendo, em conseqüência, ser chamados de elementos fático-jurídicos)*".[2]

Dispõem os arts. 1º e 2º da Lei nº 6.354/76:

> "Art. 1º Considera-se empregador a associação desportiva que, mediante qualquer modalidade de remuneração, se utilize dos serviços de atletas profissionais de futebol, na forma definida nesta Lei."
>
> "Art. 2º Considera-se empregado, para os efeitos desta Lei, o atleta que praticar o futebol, sob a subordinação de empregador, como tal definido no art. 1º mediante remuneração e contrato, na forma do artigo seguinte."

Assim, do mesmo modo que ocorre com o contrato de emprego em geral, os elementos fático-jurídicos necessários à sua configuração são: pessoa física na condição de empregado, pessoalidade na prestação dos serviços, onerosidade, não eventualidade (por construção doutrinária e jurisprudencial) e subordinação jurídica.

A – Pessoa Física na condição de empregado

De maneira diversa do que se verifica no cenário atual das relações de trabalho em geral, em que as relações típicas de emprego são encobertas por meio de serviços prestados supostamente por meio de pessoas jurídicas, num movimento chamado na doutrina atual de "*pejotização*"[3], a relação de trabalho do atleta profissional não pode sofrer tal incidência, especialmente pelo fato de que o atleta profissional de futebol não tem sequer a possibilidade, por força de regulamentos desportivos, de prestar seus serviços de modo profissional para mais de uma entidade desportiva de maneira simultânea.

Assim, em que pese existam relatos na doutrina e na jurisprudência da prática de atos pelas entidades desportivas com o intuito de fraudar a configuração da relação de emprego com seus atletas, o mesmo se dá através de outras formas, mas não de pessoas jurídicas, em razão da especificidade da relação.

O empregado, nas relações desportivas e trabalhistas de futebol, será sempre uma pessoa física, ou seja, o atleta profissional.

B – Pessoalidade

Nos contratos de trabalho em geral, entende-se por pessoalidade a exigência de que o empregado execute suas atividades pessoalmente, sem se fazer substituir, a não ser de modo esporádico e, ainda, com a concordância do empregador.

---

2. DELGADO, Mauricio Godinho. *Curso de direito do trabalho*. 4. ed. São Paulo: LTr, 2005. p. 290.
3. Seminário *Fraudes nas relações de trabalho*, realizado em 2005 pela EMATRA – 2ª Região.

Este aspecto, como aponta a doutrina, é menos rigoroso em algumas modalidades contratuais, como é o caso do contrato de emprego a domicílio, vez que nesse trabalho o empregado executa suas funções, em regra, na sua própria casa, em situações que o auxílio familiar é normal e vem sendo admitido pela jurisprudência, de modo a não descaracterizar o vínculo de emprego.

Por outro lado, o contrato de trabalho do atleta profissional de futebol caminha para uma direção oposta. O caráter *intuito personae* assume uma intensidade muito maior, principalmente porque a prestação de serviços é realizada por meio de valores intrínsecos, como a criatividade e o talento.

Nesse sentido, menciona *Alice Monteiro de Barros*:

> "o direito não poderá ignorar a situação de compromisso pessoal do artista e do desportista, o seu empenho, o grau de diligência, tampouco os particulares valores patrimoniais e morais que estão em jogo na execução do espetáculo (direito de identificação pelo nome ou pseudônimo, direito à imagem, à intimidade, direitos autorais ou conexos a estes, como o direito de arena e o direito à livre expressão). Também não poderão ser ignorados os fatores que influem no espetáculo, como a sutileza do controle da execução, que vai além daquele exercido pelo empregador e se estende, afinal, ao público e também aos próprios colegas do artista. A menor falha de execução ou qualquer quebra do sentido de disciplina e do 'esprit de corps' prejudica não só o espetáculo, no seu conjunto, como perturba e até deteriora a própria prestação pessoal dos demais participantes."[4]

C – Onerosidade

A onerosidade é também um elemento fático-jurídico do contrato de emprego; sua ausência descaracteriza este vínculo. A presença da onerosidade numa contratação empregatícia, segundo pacificado na doutrina e jurisprudência, se faz através de uma análise *objetiva* e *subjetiva*.

Entende-se por *onerosidade objetiva* aquela que se manifesta pelo fato de o empregador efetivamente pagar uma retribuição financeira ao seu empregado. Em sendo feitos tais pagamentos estará evidenciada a onerosidade no contrato.

Por outro lado, existem situações em que o empregado desenvolve suas funções sem receber qualquer remuneração, o que, mediante uma análise precipitada, poderia levar à conclusão da ausência de onerosidade na pactuação. Contudo, faz-se necessária a verificação da intenção do trabalhador na prestação dos serviços: se houver a intenção de perceber remuneração em contraprestação ao seu trabalho, estaremos diante da chamada *onerosidade subjetiva*, suficiente para não descaracterizar a prestação de trabalho como sendo empregatícia.

O mesmo ocorre em relação ao contrato de trabalho de atleta profissional de futebol. Sua prestação sem fins remuneratórios descaracteriza a figura do atleta

---

4. BARROS, Alice Monteiro de. *Curso de direito do trabalho*. 1. ed. São Paulo: LTr, 2005. p. 214.

profissional, contratado mediante vínculo de emprego, podendo dar ensejo à figura do *desportista educacional* (aquele que pratica o desporto no sistema de ensino e em formas assistemáticas de educação), do *desportista de participação* (aquele que pratica o desporto voluntariamente com a finalidade de contribuir para integração dos praticantes na plenitude da vida social, na promoção da saúde e educação e na preservação do meio ambiente) e do *desportista de rendimento, na modalidade amadora* (aquele que pratica o desporto com liberdade de prática, sem a percepção de qualquer forma de remuneração ou de incentivos materiais).

É de se destacar, ainda, a antiga figura do *desportista de rendimento, na modalidade semiprofissional*, que consistia na figura do "estagiário de futebol", contratado mediante contrato próprio e específico, desde que o atleta tivesse entre quatorze e dezoito anos de idade. Esta figura era caracterizada pela existência de incentivos materiais que não caracterizavam remuneração derivada de contrato de trabalho.

Apesar da grande pressão exercida pelas entidades de prática desportiva no sentido de que fosse extinta essa figura, é inegável que ela representava um avanço sem precedentes em nível desportivo na tutela dos futuros atletas profissionais de futebol.

Como tivemos a oportunidade de escrever:

> "nos dizeres da lei, o atleta semiprofissional deverá firmar contrato próprio, formal, específico de estágio, sendo firmado entre agremiações esportivas e atletas entre 14 (quatorze) e 18 (dezoito) anos de idade, os quais recebem incentivos materiais sem natureza de remuneração (salário) derivada de contrato de trabalho. Em outras palavras, não é empregado da instituição na qual pratica o desporto. Possui também como característica a vinculação junto à Federação Estadual ou à Confederação Nacional na modalidade que pratica, o que o impedirá de praticar a mesma modalidade por agremiações diferentes. Ao completar 18 (dezoito) anos de idade, o atleta semiprofissional deverá ser obrigatoriamente profissionalizado, sob pena de, não o fazendo, voltar à condição de atleta amador, ficando impedido de participar de competições entre profissionais e perdendo aquele vinculo com a agremiação."[5]

Esta figura contratual, prevista originariamente na Lei n. 9.615/98, foi revogada pela Lei n. 9.981/00, desaparecendo do mundo jurídico desportista.

Por determinação expressa em lei (art. 43 da Lei Pelé, com redação dada pela Lei n. 9.981/00), os atletas não-profissionais com idade superior a 20 anos não poderão participar de competições desportivas de profissionais.

Desse modo, a onerosidade é elemento fático-jurídico fundamental para a caracterização do contrato de emprego do atleta profissional de futebol e sua

---

5. OLIVEIRA, Jean Marcel Mariano de. O desporto no Brasil sob a ótica da Lei Pelé. *Revista da Faculdade de Direito Padre Anchieta*, Jundiaí, v. 4 (mar/02), 2002. p. 100.

ausência implicará a caracterização do atleta como amador, desportista educacional ou desportista de participação.

D – Subordinação

Como um dos elementos fático-jurídicos da relação empregatícia em geral, nos termos do art. 3º da CLT, buscaram, doutrina e jurisprudência, delimitar ao longo dos anos o real significado de subordinação. E foi assim que a subordinação foi tratada pela doutrina no seu sentido *econômico, técnico* e *jurídico*.

Para uma parte da doutrina, a subordinação relacionada ao contrato de trabalho é *econômica*, vez que o trabalhador, ao vincular-se contratualmente com o empregador, assim o faz objetivando a contraprestação a que fará jus, da qual tirará seu sustento. Por depender da remuneração recebida pelo trabalho prestado, o trabalhador estaria subordinado economicamente ao empregador.

Embora seja inegável que na maioria dos contratos de trabalho de atletas profissionais de fato exista essa dependência financeira do trabalhador em relação ao empregador, a adoção desse critério levaria à conclusão de que o contrato de trabalho de atletas mais bem-sucedidos e economicamente independentes não seria de emprego, razão pela qual se tem como insatisfatória essa corrente.

Uma segunda corrente doutrinária defende, ainda, a existência de uma subordinação *técnica* no contrato de trabalho em geral, vez que o empregador seria detentor de todo conhecimento técnico relacionado à prestação dos serviços e, mediante contrato, o ensinaria ao empregado, o qual ficaria, desse modo, subordinado tecnicamente ao empregador.

Para os contratos em geral, tal teoria é muito criticada, especialmente no momento atual do desenvolvimento das relações de trabalho, em que é cada vez maior o número de empregadores que apenas administram a mão-de-obra contratada, sem qualquer conhecimento mais avançado sobre a matéria, além de ser, também, cada vez maior o número de trabalhadores detentores de grandes conhecimentos que fazem a diferença no mercado competitivo globalizado. Tais trabalhadores, assim, não seriam empregados caso fosse este o critério legal para a subordinação celetista.

Na seara do contrato de trabalho do atleta profissional, essa situação fica ainda mais latente, vez que se trata de modalidade profissional puramente intelectual, na qual toda a técnica para a realização do esporte é fruto da habilidade e criatividade do próprio atleta. Os meios disponibilizados pelo empregador, neste caso, somente contribuem para o desenvolvimento desta técnica, que já é nata ou muito bem desenvolvida.

Por fim, o critério amplamente aceito pela doutrina e jurisprudência é o da subordinação *jurídica*, ou seja, o trabalhador livre, ao firmar contrato de emprego, abre mão de parte de sua liberdade, colocando-se sob o poder diretivo do empregador, estando a este subordinado, nos limites legais, quanto ao modo e ao tempo em que deverá realizar suas tarefas.

Com relação à subordinação do atleta profissional de futebol, embora também seja jurídica, apresenta algumas diferenças em relação à subordinação jurídica dos contratos de trabalho em geral, como ensina *Alice Monteiro de Barros*, citando o já saudoso *Américo Plá Rodriguez*:

> "No contrato de trabalho do atleta, principalmente do jogador de futebol, a subordinação jurídica é ampla e intensa, estendendo-se além da atividade esportiva (em que se incluem treinos, concentração e excursões). Ela abrange também aspectos pessoais, como controle da alimentação, das horas de sono, do peso; aspectos íntimos, como o comportamento sexual; aspectos convencionais, como a vestimenta e a aparência externa, aliados, ainda, a aspectos mais significativos, como as declarações aos meios de comunicação."[6]

É inegável que os eventuais atos de insubordinação de um atleta profissional são aptos a produzirem conseqüências muitos mais gravosas do que aqueles praticados pelos empregados em geral, vez que a prática desportiva é um espetáculo cujo resultado se produz coletivamente. Assim, um atleta que, durante uma partida, causa lesões em adversário por agressão dolosa, caso venha a ser excluído da partida e suspenso das demais por período relativamente longo, trará prejuízos a si próprio, à entidade empregadora, aos demais colegas de equipe (uma derrota ocasionada indiretamente por esta agressão é imputada a toda a equipe e não somente ao atleta que a praticou) e, também, trará prejuízos aos espectadores, que muitas vezes gastam altas somas em dinheiro para assistirem aos jogos de suas equipes preferidas.

Assim, na análise do cometimento de falta grave pelo atleta profissional de futebol para fins de demissão por justa causa, o operador do direito deve necessariamente ater-se a tais circunstâncias de fato, a fim de, no caso concreto, chegar à solução mais justa.

E – Não-eventualidade

Como mencionado anteriormente, não existe previsão legal acerca da exigência deste elemento fático-jurídico para a caracterização do contrato de trabalho do atleta profissional de futebol, da forma como acontece com a formação do vínculo de emprego celetista. Contudo, é pacífica na doutrina a necessidade deste elemento para a configuração desta relação empregatícia especial.

Não importa o número de dias por semana que o atleta passe à disposição da entidade empregadora com jogos, treinos, concentração, excursões, mas sim que essa prestação de serviços se dê de maneira freqüente ao longo do tempo, não podendo ser descontínua.

---

6. BARROS, Alice Monteiro de. *As relações de trabalho no espetáculo*. São Paulo: LTr, 2003. p. 30.

Na situação jurídica do atleta profissional é mais fácil a verificação deste elemento, na medida em que, como regra geral, o atleta tem sua plena liberdade de atuação mitigada por força de regulamentos desportivos, inclusive na modalidade amadora do desporto de rendimento.

Nesse caso, vinculando-se a uma entidade para a disputa de determinado campeonato, não poderá validamente, de maneira simultânea, jogar também para outra entidade, o que, por si só, já elimina sobremaneira a possibilidade da prática desportiva de maneira eventual.

O atleta de futebol, desse modo, não tem como praticar suas atividades de modo desvinculado em relação ao empregador e, necessariamente, exercerá atividades vinculadas aos fins da entidade que o contratou.

Assim, as hipóteses de prática eventual do futebol se resumem às modalidades de desporto distintas do desporto de rendimento (profissional e amador, vinculados às entidades desportivas), como em aulas de educação física, por exemplo.

4.4 – ELEMENTOS JURÍDICO-FORMAIS DO CONTRATO DE TRABALHO DO ATLETA PROFISSIONAL DE FUTEBOL

Nos dizeres de *Mauricio Godinho Delgado*, "*os elementos jurídico-formais constituem construções teóricas e normativas efetuadas pela ordem jurídica, cuja presença passa a ser considerada relevante à validez jurídica do próprio fenômeno a que se integram*".[7] A escolha dos elementos jurídico-formais de um contrato tem natureza política e legislativa.

Godinho anota, ainda, que:

> "Do ponto de vista comparativo, pode-se afirmar que a pesquisa sobre os elementos fático-jurídicos da relação empregatícia permite responder à pergunta sobre a existência ou não da relação de emprego no caso concreto. Já a pesquisa sobre os elementos jurídico-formais do respectivo contrato permite responder à pergunta sobre a validade (ou não) e extensão dos efeitos jurídicos daquela relação configurada entre as partes."[8]

Inerentes aos atos jurídicos em geral, também aplicáveis ao contrato de trabalho do atleta profissional, os elementos jurídico-formais são: capacidade das partes contratantes, licitude do objeto contratado, forma contratual prescrita ou não proibida em lei e higidez na manifestação da vontade das partes.

---

7. DELGADO, Mauricio Godinho. *Op. cit.*, p. 305.
8. *Idem.*

A – Capacidade das partes contratantes

Capacidade é a aptidão para adquirir direitos e contrair obrigações no ordenamento jurídico brasileiro. Como regra geral, é vedada a prestação de serviços através de contrato de emprego ao menor de 16 anos, salvo na condição de aprendiz, a partir dos 14 anos.

Já ao atleta profissional de futebol, nos termos da Lei n. 6.354/76, é vedada a celebração de contrato, em qualquer hipótese, se menor de 16 anos, sendo permitido ao maior de 16 anos e menor de 21 anos somente com a anuência de seu representante legal. Caso o atleta tenha mais de 18 anos completos, na falta de assentimento do representante legal, o contrato poderá ser celebrado mediante suprimento judicial.

Ao menor de 16 anos restará somente a possibilidade da prática do futebol na modalidade amadora, nas chamadas "categorias de base" das entidades desportivas (juniores, juvenil, infantil, etc.), com vistas à celebração, em momento oportuno, de um contrato de trabalho profissional.

Discute-se na doutrina, nos dias de hoje, a validade dos ditames da Lei n. 6.354/76, sancionada durante a vigência do Código Civil de 1916, estipulando a maioridade absoluta ao atleta profissional de futebol aos 21 anos, em razão da alteração da capacidade plena introduzida pelo Código Civil de 2002, que reduziu esta idade para os 18 anos completos.

Para uma corrente, tal diploma legal deve ser adaptado para permitir a integral celebração contratual ao maior de 18 anos, vez que plenamente capaz nos moldes da lei civil. Para uma segunda corrente, não há que se falar em tal modificação, especialmente pelo fato de que, ao ser sancionada a Lei n. 6.354/76, já vigorava a CLT, que previa a maioridade trabalhista aos 18 anos de idade, nos moldes seguidos pela atual legislação civilista. Assim, ao prever maioridade distinta da prevista na CLT, o legislador deixou clara sua intenção de estipular regra específica para o atleta profissional de futebol, razão pela qual tal disposição não pode ser alterada por uma lei de caráter geral, como é Código Civil, entendimento este que parece mais acertado, em razão dos seus fundamentos.

B – Consentimento

Para grande parte da doutrina, especialmente aqueles que defendem a natureza jurídica contratual do vínculo empregatício, o consentimento é requisito para formação do contrato de trabalho em geral. Tal elemento, contudo, é negado como essencial para a parte da doutrina que vê o vínculo empregatício como de natureza não-contratual.

Em verdade, o consentimento válido das partes é requisito essencial do contrato de trabalho do atleta profissional de futebol. Ele figura também entre os elementos que, intrinsecamente, compõem o ajuste. Se nos contratos, em geral, o consentimento do empregado toma a forma de adesão, no tocante aos protagonistas do espetáculo há uma certa liberdade para discutir as cláusulas. É necessário que as partes sejam livres para celebrar o ajuste. O consentimento viciado não produzirá efeitos jurídicos. Entre os vícios que poderão tornar defeituosa a manifestação de vontade dos contratantes compreendem-se o erro, o dolo, a coação, a simulação e a fraude.[9]

Não há como deixar de considerar o fato de que o contrato de trabalho seja uma das espécies mais tradicionais do gênero contrato de adesão, situação que não é desconhecida do contrato de trabalho do atleta profissional de futebol. Não, ao menos, da grande maioria dos contratos conhecidos no cenário desportivo brasileiro.

Contudo, não há como considerar de adesão aqueles contratos de trabalho envolvendo atletas de grande prestígio, especialmente quando vinculados aos chamados "grandes clubes" do futebol brasileiro, como a Sociedade Esportiva Palmeiras, o São Paulo Futebol Clube, o Clube de Regatas Flamengo, o Clube de Ragatas Vasco da Gama, o Sport Club Corinthians Paulista, entre outros.

Assim, não é raro ouvir relatos jornalísticos dando conta de que determinados atletas gozam de privilégios especiais em seus clubes, que não são inerentes à generalidade dos contratos, em relação aos quais seria possível, inclusive, questionar acerca da manutenção da subordinação jurídica, sendo certo que tais privilégios especiais retiram completamente o caráter adesivo do contrato destes atletas.

C – Licitude do objeto contratado

Nos termos do art. 104, inciso II, da Lei n. 10.406/02 (Novo Código Civil), a validade do negócio jurídico requer objeto lícito, possível, determinado ou determinável. No contrato de trabalho, é a licitude do objeto da prestação dos serviços, e não a licitude do empreendimento, que determinará a validade do mesmo. Os serviços, desta forma, devem estar em consonância com a lei, com a ordem pública e com os bons costumes.

Em relação a este elemento jurídico-formal, é importante distinguirmos acerca do chamado *objeto proibido* e *objeto ilícito*, vez que tais conceitos são responsáveis por inúmeras divergências e soluções na doutrina e jurisprudência.

O *objeto ilícito*, segundo a doutrina, é aquele que configura, em regra, um delito ou uma contravenção penal. Um contrato de trabalho com objeto ilícito é nulo e não produz qualquer efeito, entendimento este pacificado nos dias de hoje, vez que a proteção se dá ao interesse público e aos valores morais a este inerente.

Um exemplo, em tese, seria a situação do atleta contratado para fazer parte de uma equipe de futebol que participasse de competições simplesmente para divulgar e incentivar a formação de uma facção criminosa, a qual seria sua entidade empregadora.

9. BARROS, Alice Monteiro. *Op. cit.*, p. 226.

A atividade doutrinária e jurisprudencial a esse respeito tem sido a de buscar situações em que, embora presente a atividade ilícita, seja possível atribuir efeitos trabalhistas em favor do trabalhador, como, por exemplo, o caso de desconhecimento dos fins ilícitos da atividade por parte do obreiro.

O *objeto proibido*, por sua vez, é o interesse coletivo protegido apenas de maneira mediata, prevalecendo o interesse individual do trabalhador. Embora o objeto proibido igualmente conduza à invalidade do contrato de trabalho, este produzirá efeitos em favor do trabalhador, efeitos estes que para alguns doutrinadores são iguais aos de um contrato de trabalho válido, e para outros um pouco mais restritos, vez que não seria possível um contrato com objeto proibido ensejar os mesmos efeitos de um contrato plenamente válido.

Na seara desportiva, seria exemplo o do contrato de trabalho celebrado por um menor de 16 anos, o que é vedado pelo ordenamento jurídico, em proteção do trabalhador, sendo trabalho proibido, portanto.

Quanto aos efeitos do objeto proibido no contrato de trabalho, há grande divergência na doutrina, existindo ao menos duas grandes correntes doutrinárias.

Uma primeira corrente, majoritária na doutrina e na jurisprudência, defende a existência de efeitos plenos ao contrato de trabalho com objeto proibido. Esta corrente é defendida na doutrina moderna por *Mauricio Godinho Delgado*, que menciona:

> "o direito do trabalho tende a conferir efeitos trabalhistas à prestação empregatícia de trabalho irregular (ou trabalho proibido) – desde que a irregularidade não se confunda também com um tipo penal criminal. A teoria justrabalhista de nulidades incide firmemente em tais situações, garantindo plenas conseqüências trabalhistas ao contrato maculado em seu objeto. Evidentemente que o reconhecimento de efeitos justrabalhistas não elimina a necessidade de determinar-se a correção do vício percebido ou extinguir-se o contrato, caso inviável semelhante correção."[10]

Uma segunda corrente, minoritária na doutrina, defende a existência de efeitos restritos ao contrato de trabalho com objeto proibido. Esta corrente é defendida por *Alice Monteiro de Barros*, que ensina que, não obstante a vedação legal, se o menor trabalhar, o ajuste será nulo, mas produzirá certos efeitos, entre os quais o pagamento de uma compensação razoável, a teor dos arts. 593 e 606 do Código Civil de 2002, a qual poderá ser a retribuição avençada, desde que atenda aos requisitos da razoabilidade. A natureza da parcela auferida não é salarial, inobstante respeitáveis pronunciamentos contrários, pois estamos diante de uma relação extracontratual, e não há dispositivo na CLT, à semelhança do que ocorre no Código português, capaz de autorizar a produção de efeitos da relação de trabalho nessa situação. Trata-se, em conseqüência, de uma compensação razoável paga com o intuito de impedir o enriquecimento ilícito do credor do trabalho que

10. DELGADO, Mauricio Godinho. *Op. cit.*, p. 501.

se beneficiou com o serviço do obreiro e não pode devolver-lhe a atividade, com a restituição do *status quo ante*.[11]

De fato, é acertado o entendimento apresentado por *Mauricio Godinho Delgado*. Trabalho proibido jamais pode ser entendido como trabalho desprotegido e, por tal motivo, levando-se em consideração a finalidade protetiva basicamente individual do trabalhador nestas condições e o princípio protetivo inerente ao direito juslaboral, é medida mais justa e equânime o reconhecimento pleno dos direitos trabalhistas ao atleta contratado com idade inferior ao mínimo exigido em lei, por exemplo, em que pese se reconheça a necessidade da decretação da nulidade do vínculo perpetrado.

Por fim, anota-se ainda a existência de uma terceira corrente doutrinária, amplamente minoritária, que entende ser possível, além do deferimento dos efeitos plenos ao contrato de trabalho celebrado com menor de 16 anos, manter-se o vínculo empregatício celebrado com objeto proibido.

D – Forma contratual prescrita ou não proibida em lei

Dispõe o art. 442 da CLT que "*contrato individual de trabalho é o acordo tácito ou expresso, correspondente à relação de emprego*".

De acordo com o previsto no dispositivo celetista acima mencionado, o contrato de trabalho, em geral, é meramente consensual, ou seja, não requer forma escrita para ter validade, podendo ser, inclusive, tácita.

Tal regra, contudo, não é seguida pelo contrato de trabalho do atleta profissional de futebol, que é formal e solene, nos termos da Lei n. 9.615/98, em seus art. 28 e 30, e Lei n. 6.354/76, em seu artigo 3º.

De acordo com tais dispositivos legais, o contrato de trabalho do atleta profissional de futebol é formal, devendo obrigatoriamente ser celebrado por escrito e conter os nomes das partes contratantes devidamente individualizadas e caracterizadas; o prazo de vigência do contrato, que em nenhuma hipótese poderá ser inferior a 03 (três) meses ou superior a 05 (cinco) anos; o modo e a forma da remuneração, especificados o salário, os prêmios, as gratificações e, quando houver, as bonificações, bem como o valor das luvas, se previamente convencionadas; a menção de conhecerem os contratantes os códigos, regulamentos e os estatutos técnicos, o estatuto e as normas disciplinares da entidade a que estiverem vinculados e filiados; os direitos e as obrigações dos contratantes e o número da Carteira de Trabalho e Previdência Social. Havia, ainda, exigência de determinação dos critérios para a fixação do preço do passe do atleta, mas esta restou prejudicada em função da extinção do passe pela Lei Pelé.

Exige a lei, ainda, que os contratos de trabalho do atleta profissional de futebol sejam registrados no Conselho Regional de Desportos e inscritos nas entidades desportivas de direção regional e na Confederação Brasileira de Futebol.

---

11. BARROS, Alice Monteiro de. *Op. cit.*, p. 222.

Por disposição expressa em lei (art. 30, parágrafo único da Lei n. 9.615/98), não se aplica ao contrato de trabalho do atleta profissional de futebol o disposto no art. 445 da CLT, que prevê o prazo de 02 (dois) anos como sendo o máximo para os contratos de trabalho por tempo determinado. Do mesmo modo, não se aplicam a estes contratos as disposições celetistas acerca da renovação e prorrogação de contratos por prazo determinado.

Outra importante peculiaridade do contrato de trabalho do atleta profissional de futebol é o direito de preferência garantido pela lei à entidade desportiva formadora do atleta, a qual terá direito de, com ele, celebrar o primeiro contrato de trabalho profissional. Nesse sentido, dispõe o art. 29 da Lei Pelé, com a redação alterada pela Lei n. 10.672/03:

> "Art. 29. A entidade de prática desportiva formadora do atleta terá o direito de assinar com esse, a partir de dezesseis anos de idade, o primeiro contrato de trabalho profissional, cujo prazo não poderá ser superior a cinco anos.
>
> Parágrafo único. (VETADO)
>
> § 2º Para os efeitos do *caput* deste artigo, exige-se da entidade de prática desportiva formadora que comprove estar o atleta por ela registrado como não-profissional há, pelo menos, dois anos, sendo facultada a cessão deste direito a entidade de prática desportiva, de forma remunerada.
>
> § 3º A entidade de prática desportiva formadora detentora do primeiro contrato de trabalho com o atleta por ela profissionalizado terá o direito de preferência para a primeira renovação deste contrato, cujo prazo não poderá ser superior a dois anos.
>
> § 4º O atleta não profissional em formação, maior de quatorze e menor de vinte anos de idade, poderá receber auxílio financeiro da entidade de prática desportiva formadora, sob a forma de bolsa de aprendizagem livremente pactuada mediante contrato formal, sem que seja gerado vínculo empregatício entre as partes.
>
> § 5º É assegurado o direito ao ressarcimento dos custos de formação de atleta não profissional menor de vinte anos de idade à entidade de prática de desporto formadora sempre que, sem a expressa anuência dessa, aquele participar de competição desportiva representando outra entidade de prática desportiva.
>
> § 6º Os custos de formação serão ressarcidos pela entidade de prática desportiva usufruidora de atleta por ela não formado pelos seguintes valores:
>
> I – quinze vezes o valor anual da bolsa de aprendizagem comprovadamente paga na hipótese de o atleta não profissional ser maior de dezesseis e menor de dezessete anos de idade;
>
> II – vinte vezes o valor anual da bolsa de aprendizagem comprovadamente paga na hipótese de o atleta não profissional ser maior de dezessete e menor de dezoito anos de idade;
>
> III – vinte e cinco vezes o valor anual da bolsa de aprendizagem comprovadamente paga na hipótese de o atleta não profissional ser maior de dezoito e menor de dezenove anos de idade;
>
> IV – trinta vezes o valor anual da bolsa de aprendizagem comprovadamente paga na hipótese de o atleta não profissional ser maior de dezenove e menor de vinte anos de idade.

§ 7º A entidade de prática desportiva formadora para fazer jus ao ressarcimento previsto neste artigo deverá preencher os seguintes requisitos:

I – cumprir a exigência constante do § 2º deste artigo;

II – comprovar que efetivamente utilizou o atleta em formação em competições oficiais não profissionais;

III – propiciar assistência médica, odontológica e psicológica, bem como contratação de seguro de vida e ajuda de custo para transporte;

IV – manter instalações desportivas adequadas, sobretudo em matéria de alimentação, higiene, segurança e salubridade, além de corpo de profissionais especializados em formação técnico-desportiva;

V – ajustar o tempo destinado à formação dos atletas aos horários do currículo escolar ou de curso profissionalizante, exigindo o satisfatório aproveitamento escolar."

Taxada pelos operadores do desporto nacional de inviabilizar economicamente a formação de novos atletas profissionais, a Lei Pelé foi, como visto, modificada no ano de 2003, pela Lei n. 10.672, após diversas medidas provisórias no mesmo sentido, com o intuito de minimizar os prejuízos até então alegados, mas de modo algum equiparou o cenário atual com aquele mais seguro para a entidade de prática desportiva, quando ainda vigorava a figura do "passe", que será analisada mais adiante.

O que se vê nos dias de hoje são competições de categoria de base, tais como Copa São Paulo de Futebol Juniores, Copa Belo Horizonte, Campeonato Paulista Sub-20, com equipes que não mais conseguem revelar atletas de alto nível técnico como ocorreu no passado, o que esvaziou o interesse dos patrocinadores por tais competições e, na mesma proporção, do torcedor, que não mais acompanha assiduamente as partidas desses campeonatos, apesar de serem, em regra, gratuitos seus ingressos.

Nem mesmo as seleções brasileiras de categorias inferiores têm conseguido tão expressivos resultados no cenário internacional, como tradicionalmente sempre conseguiu, fruto do baixo investimento dos clubes nas categorias de base, dada a incerteza de que não virão a sofrer futuros prejuízos com a preparação dos atletas.

Em que pese a qualidade técnica do jogador de futebol brasileiro, é possível que os reflexos da fragilidade da legislação brasileira em relação à formação do atleta venham a ser sentidos nas equipes profissionais brasileiras, inclusive na seleção, o que poderia, em tese, resultar num choque cultural sem dimensões para o povo brasileiro, o qual, em sua grande maioria, acompanha e também critica de modo assíduo a prática do futebol no Brasil.

Fácil notar desse modo que o contrato de trabalho do atleta profissional de futebol é classificado como formal, fugindo à regra da informalidade dos contratos de trabalho em geral.

E – Higidez na manifestação da vontade das partes.

Nos dizeres de *Mauricio Godinho Delgado*, "*a ordem jurídica exige a ocorrência de livre e regular manifestação de vontade, pelas partes contratuais, para que o pacto se considere válido. Nessa linha, a higidez da manifestação da vontade (ou consenso livre de vícios) seria elemento essencial aos contratos celebrados*".[12]

Esta é a idéia defendida nos dias atuais por aqueles que vêem a relação de trabalho como sendo um contrato (teoria contratualista), para os quais o acordo de vontades é essencial para a formação do vínculo. Mas, na verdade, nem sempre foi assim. Especialmente na Alemanha e na França desenvolveram-se as teorias anticontratualistas, que viam no simples início da prestação dos serviços pelo obreiro a formação do vínculo, e assim faziam por considerarem a relação de trabalho como puramente de adesão, razão pela qual não havia que se falar em manifestação de vontade válida para formação do contrato de trabalho.[13]

Conclui-se, portanto, que, "*a forma por que se estabelecem certas relações de trabalho no mundo moderno, embora revele certa restrição da autonomia individual – o que torna apenas oportuna a adoção de algumas medidas cautelares para a proteção da parte cuja autonomia é reduzida –, o ato constitutivo deve ser reconhecido de natureza contratual, porque para a formação da relação são necessárias as declarações de vontades do empregador e do empregado*".[14]

Em relação ao contrato de trabalho do atleta profissional de futebol é plenamente válida a observação já feita quando da análise do elemento fático-jurídico da subordinação jurídica, ou seja, embora a natureza de contrato de adesão seja encontrada na grande maioria dos pactos laborais entre o atleta de futebol e a entidade empregadora, é possível encontrar-se alguns contratos, especialmente de atletas já renomados, em que esta adesão cede à plena comutatividade entre estes e sua empregadora, podendo, ainda, possuir cláusulas às quais a própria entidade empregadora acaba tendo que aderir.

Tal situação não elimina, contudo, a necessidade de uma manifestação de vontade válida das partes para a formação do contrato, nem que esta seja somente em relação à simples formação do contrato, sem possibilidade de negociação de suas cláusulas.

Feitas as devidas considerações acerca dos elementos fático-jurídicos e dos elementos jurídico-formais necessários para configuração e validade de uma relação de trabalho entre o atleta profissional de futebol e a entidade desportiva empregadora, serão abordados nos próximos capítulos os aspectos que fazem parte desta regulamentação, quais sejam, a remuneração, as férias, o regramento acerca da transferência do atleta, o poder disciplinar da empregadora, entre outros.

---

12. DELGADO, Mauricio Godinho. *Op. cit.*, p. 504.
13. GOMES, Orlando; GOTTSCHALK, Elson. *Curso de direito do trabalho*. 17. ed. Rio de Janeiro: Forense, 2005. p. 146.
14. *Idem*.

Capítulo V

O SISTEMA REMUNERATÓRIO DO CONTRATO DE TRABALHO DO ATLETA PROFISSIONAL DE FUTEBOL

5.1 – CONSIDERAÇÕES GERAIS

Salário é a "*remuneração paga ao empregado pelo empregador, em contraprestação pelo trabalho*".[1]

Em verdade, a definição apresentada refere-se à remuneração, gênero do qual o salário é uma das espécies, de acordo com o entendimento doutrinário dominante.

A caracterização do contrato de trabalho do atleta profissional de futebol como *oneroso* vem previsto, além da regra geral do art. 3º da CLT, no art. 28 da Lei n. 9.615/98 (Lei Pelé), que dispõe:

> "Art. 28. A atividade do atleta profissional, de todas as modalidades desportivas, é caracterizado por remuneração pactuada em contrato formal de trabalho firmado com entidade de prática desportiva, pessoa jurídica de direito privado, que deverá conter, obrigatoriamente, cláusula penal para as hipóteses de descumprimento, rompimento ou rescisão unilateral.
>
> § 1º Aplicam-se ao atleta profissional as normas gerais da legislação trabalhista e da seguridade social, ressalvadas as peculiaridades expressas nesta lei ou integrantes do respectivo contrato de trabalho."

Seus elementos estão previstos no art. 457 da CLT, aplicável de modo subsidiário ao contrato de trabalho do atleta profissional de futebol, conforme expressamente previsto no dispositivo legal supramencionado.

Mencionado dispositivo legal dispõe:

> "Art. 457. Compreendem-se na remuneração do empregado, para todos os efeitos legais, além do salário devido e pago diretamente pelo empregador, como contraprestação do serviço, as gorjetas que receber.
>
> § 1º Integram o salário, não só a importância fixa estipulada, como também as comissões, percentagens, gratificações ajustadas, diárias para viagem e abonos pagos pelo empregador.

---

1. ACADEMIA BRASILEIRA DE LETRAS. *Dicionário jurídico*. 3. ed. Rio de Janeiro: Forense Universitária, 1995.

§ 2º Não se incluem nos salários as ajudas de custo, assim como as diárias para viagem que não excedam de cinqüenta por cento do salário percebido pelo empregado.

§ 3º Considera-se gorjeta não só a importância espontaneamente dada pelo cliente ao empregado, como também aquela que for cobrada pela empresa ao cliente, como adicional nas contas, a qualquer título, e destinada à distribuição aos empregados."

Além dessas disposições, gerais a todo contrato de trabalho que não apresentar regramento próprio com ele incompatível, o atleta profissional de futebol apresenta outras duas relevantes determinações legais; uma delas prevendo outros elementos integrantes da remuneração do atleta e, outra, acerca da imposição de limites ao oferecimento de prêmios (bichos); este último será objeto de análise mais adiante.

O art. 31, § 1º, da Lei n. 9.615/98 dispõe:

"Art. 31. A entidade de prática desportiva empregadora que estiver com o pagamento de salário de atleta profissional em atraso, no todo ou em parte, por período igual ou superior a três meses terá o contrato de trabalho daquele atleta rescindido, ficando o atleta livre para se transferir para qualquer outra agremiação de mesma modalidade, nacional ou internacional, e exigir a multa rescisória e os haveres devidos.

§ 1º São entendidos como salário, para efeitos do previsto no *caput*, o abono de férias, o décimo terceiro salário, as gratificações, os prêmios e demais verbas inclusas no contrato de trabalho."

De fato, o contrato de trabalho do atleta profissional de futebol é por demais especial no que se refere ao aspecto "remuneração", vez que os valores que envolvem toda a organização do futebol no Brasil, especialmente aqueles provenientes da mídia e da venda de ingressos aos espectadores, interferem de maneira direta na contraprestação do atleta.

É fato notório, não só no Brasil como no mundo todo, que os campeonatos de futebol transmitidos pela televisão são aqueles que apresentam os atletas mais bem remunerados e os clubes de maior prestígio e tradição no cenário desportivo.

Assim, não seria equivocado dizer que, apesar da igualdade jurídica, tal situação fática impõe repercussão completamente distinta do pertinente regramento no contrato de trabalho do atleta profissional de futebol que exerce seu trabalho para o Fluminense Futebol Clube do que naquele do atleta que exerce seu trabalho para um clube considerado "pequeno", que constantemente tem seus jogos acompanhados nos estádios por poucos torcedores.

Como assinala *Alice Monteiro de Barros*, "*há aspectos peculiares na retribuição do atleta entre os quais estão incluídas as chamadas luvas, os bichos e a participação no passe*".[2]

---

2. BARROS, Alice Monteiro de. *As relações de trabalho no espetáculo.* São Paulo: LTr, 2003. p. 174.

Tais elementos, além das gratificações e do "direito de imagem", serão analisados com mais detalhes a seguir. Também serão feitas considerações acerca do chamado "direito de arena", FGTS e da mora salarial.

5.2 – LUVAS

O conceito de luvas não é exclusivo do direito desportivo, sendo encontrado também na locação, conforme o antigo Decreto n. 24.150/34, denominado "Lei de Luvas".

Por esse motivo, a doutrina tem se esforçado em buscar um ponto de equiparação entre os institutos civilista e trabalhista.[3]

Para *Zainaghi*, contudo, o termo luvas usado no direito desportivo não guarda qualquer relação com semelhante termo usado na antiga lei de locação. Para ele, "*o termo luvas é usado como metáfora, pois é um pagamento feito ao atleta em decorrência de sua capacidade técnica (ficou bom como uma luva); ou seja, remunera na medida da exata capacidade do jogador*".[4]

Nos dizeres de *Alice Monteiro de Barros*, as luvas traduzem importância paga ao atleta pelo seu empregador, na forma convencionada, pela assinatura do contrato, compondo a remuneração deste atleta para todos os fins legais, nos termos do art. 12 da Lei n. 6.354, de 1976 e art. 31, § 1º, da Lei n. 9.615, de 1998.[5]

Segundo esta renomada autora, citando *Catharino*, as luvas "*podem ser em dinheiro, títulos ou bem, como automóveis*".[6]

A autora menciona ainda que:

> "seu valor é fixado tendo em visto a eficiência do atleta antes de ser contratado pela entidade desportiva, ou seja, o desempenho funcional já demonstrado no curso de sua vida profissional. Logo, embora de natureza retributiva, não se confunde com prêmio e gratificações, cujas causas ocorrem no curso do contrato. As luvas têm natureza de salário pago por antecipação, não se confundindo com indenização, pois nelas não se encontra presente o caráter ressarcitório advindo de perda."[7]

Para *Zainaghi*, "*trata-se de parcela de natureza remuneratória, obrigatória se prevista no contrato, e que deverá refletir em todas as verbas trabalhistas (FGTS, férias, décimo terceiro salário)*".[8]

A jurisprudência, inclusive, já se manifestou neste sentido:

---

3. CATHARINO, José Martins. *Op. cit.*, p. 33.
4. ZAINAGHI, Domingos Sávio. *Os atletas profissionais de futebol no direito do trabalho*, p. 75.
5. BARROS, Alice Monteiro de. *Op. cit.*, p. 175.
6. *Idem*.
7. *Idem*.
8. ZAINAGHI, Domingos Sávio. *Op. cit.*, p. 75.

"Atleta profissional – 'Luvas' – caráter salarial – As 'luvas' revestem-se de caráter nitidamente salarial e devem integrar o décimo terceiro salário e as férias proporcionais." (TRT – 4ª Região – RO 2.199/88 – 2ª Turma – Relator Fernando Gabriel Ferreira – j. 20.04.89).

"As 'luvas' são pagas antecipadamente ou divididas em parcelas, o que caracteriza pagamentos por conta do trabalho a ser realizado pelo atleta durante o tempo fixado no seu contrato. Em virtude de seu caráter eminentemente salarial, deverão ser integradas nas férias e gratificações natalinas." (TST – RR 266807/1996 – 3ª Turma – Relator Ministro José Zito Calasãs Rodrigues – j. 21.02.1997).

5.3 – BICHOS

Aponta *Domingos Sávio Zainaghi* que o termo "bicho" surgiu na época do amadorismo, quando os atletas ganhavam sua remuneração sobre as vitórias que conseguiam e, quando questionados sobre a origem do dinheiro, afirmavam ser proveniente do "jogo do bicho", jargão este que se popularizou no meio futebolístico.[9]

Alice Monteiro de Barros define "bicho" como a importância paga ao atleta, em geral, por ocasião das vitórias ou empates, possuindo natureza de prêmio individual, resultante de trabalho coletivo, pois visa não só compensar os atletas, mas também estimulá-los. Tal verba "*funda-se em uma valorização objetiva, conseqüentemente, dado o seu pagamento habitual e periódico, tendo feição retributiva (inteligência do art. 31, parágrafo primeiro, da Lei n. 9.615, de 1998)*". Os bichos são fixos e variáveis, podendo, excepcionalmente, ser pagos até mesmo em caso de derrotas, quando verificado o bom desempenho da equipe.[10]

Por sua vez, *Catharino* define "bicho" como sendo:

"um prêmio pago ao atleta-empregado por entidade-empregadora, previsto ou não no contrato de emprego do qual são partes. Tal prêmio tem sempre a singularidade de ser individual, embora resulte de um trabalho coletivo desportivo. Além disto, geralmente, é aleatório, no sentido de estar condicionado a êxito alcançado em campo, sujeito à sorte ou azar."[11]

É instrumento motivador de eficiência inegável no meio futebolístico, na medida em que, como já afirmado, acaba beneficiando a grande maioria de atletas profissionais que têm remuneração fixa muitas vezes equivalente ao salário mínimo.

Por fim, o art. 24, da Lei n. 6.354/76 dispõe:

9. *Ibidem*, p. 74.
10. BARROS, Alice Monteiro de. *Op. cit.*, p. 175.
11. CATHARINO, José Martins. *Contrato de emprego desportivo*, p. 32.

"Art. 24. É vedado à associação empregadora pagar, como incentivo em cada partida, prêmios ou gratificações superiores à remuneração do atleta."

A finalidade do dispositivo legal mencionado é impedir ou dificultar práticas discriminatórias em favor de atletas mais famosos, mas, como aponta *Zainaghi*, de muito difícil fiscalização, vez que tais prêmios podem representar para atletas recém-profissionalizados, em caso de conquistas do título de campeão, valores em muitas vezes superiores ao seu salário mensal.[12]

Além disso, muitas vezes o "bicho" acaba sendo pago inclusive por entidade desportiva diversa da empregadora do atleta, como incentivo para uma vitória que a esta entidade venha interessar, numa prática entendida por muitos desportistas como "antiética" e passível de punição do infrator na esfera administrativa, em que pese ser conduta diversa da chamada "mala preta", esta que corresponde à quantia paga por terceira entidade desportiva interessada num resultado para que determinado atleta ou equipe facilite sua própria derrota, esta sim tida como ilícita, antiética e imoral, mas não desconhecida do meio futebolístico.[13]

5.4 – O PASSE E SEU REGRAMENTO

Outro aspecto interessante no direito desportivo é a existência do chamado "passe", que consiste num instrumento que permite a contratação do atleta por outra entidade de prática desportiva depois de comprovada sua desvinculação da entidade à qual prestava serviços.

Considerado por muitos como um instrumento lícito, criado mundialmente para impedir o aliciamento e a concorrência desleal na contratação dos atletas,[14] é pela maioria tido como um obstáculo à livre manifestação de vontade do atleta, que estará impedido de desvincular-se de determinada entidade sem o pagamento por uma outra do valor de seu "passe", salvo em caso de encerramento da carreira de atleta, impedindo em conseqüência o livre exercício de sua profissão.[15]

A definição de "passe" é dada pelo art. 11 da Lei n. 6.354/76, dispondo que "*entende-se por passe a importância devida por um empregador a outro, pela cessão do atleta durante a vigência do contrato ou depois de seu término, observadas as normas desportivas pertinentes*".

Como assinala *Alice Monteiro de Barros*, "*o principal argumento contra o passe é o de que o atleta, depois de cumprir fielmente um contrato por prazo determinado, quase nunca pode exigir o atestado liberatório após a sua extinção*

12. ZAINAGHI, Domingos Sávio. *Op. cit.*, p. 74.

13. Mala branca do Barcelona vira de novo, assunto na Espanha. Artigo publicado no *site* www.superesportes.com.br, com matéria do *Jornal Gazeta Press* do dia 02.09.2005.

14. MORAES FILHO, Evaristo de. *Temas atuais de trabalho e previdência*. São Paulo: LTr, 1976. p. 169.

15. PEREIRA, Adilson Bassalho. O contrato de trabalho do jogador profissional de futebol e a legislação brasileira. *Revista do Direito do Trabalho*, v. 3, p. 179.

normal, o que traduz uma espécie de escravidão, uma violação à liberdade de trabalhar e contratar".[16]

Ocorre que, nos termos do art. 28, §2º da Lei Pelé, mencionado instituto, que vigorou no Brasil durante muitos anos, veio a ser extinto, o que causou sérias controvérsias entre os dirigentes de entidades de prática desportiva pelo prejuízo inicial aparente que esta extinção acarretou às mencionadas entidades. Muitos, inclusive, defendem o retorno ao cenário jurídico nacional deste instituto, cuja extinção é considerada por muitos como a razão dos baixos investimentos feitos pelas entidades de prática desportiva nos dias de hoje na formação dos atletas.

A verdade é que, embora fosse uma praxe no "mundo" desportivo profissional, mencionado instituto está longe de cumprir no Brasil os ditames constitucionais acerca da liberdade de exercício profissional. Em última análise, o passe acaba por reduzir o atleta a uma mera mercadoria, causando inúmeras injustiças, pelo que andou bem o legislador pátrio ao prever sua extinção, ainda que tal extinção tenha efeito somente em âmbito nacional, mas que se traduz num grande avanço no sentido de corrigir estas injustiças.

Além disso, dispõe o art. 29 da Lei Pelé, com redação dada pela Lei n. 10.672/2003, que "*a entidade de prática desportiva formadora do atleta terá o direito de assinar com esse, a partir de dezesseis anos de idade, o primeiro contrato de trabalho profissional, cujo prazo não poderá ser superior a cinco anos*".

Através deste dispositivo legal, consagrou a Lei Pelé o chamado "princípio da prioridade", pelo qual a entidade formadora possui o direito de assinar com o atleta seu primeiro contrato profissional. Este contrato, pela redação original do dispositivo legal acima mencionado, poderia ter prazo máximo de 02 (dois) anos, mas, atendendo aos reclamos das entidades de prática desportiva, tal prazo foi dilatado para até 05 (cinco) anos.

A vontade do legislador foi a de coibir uma prática muito comum no desporto nacional, ou seja, o atleta era formado nas categorias de base por determinada entidade desportiva e acabava vinculando-se profissionalmente a outra entidade, o que servia como mais um desestímulo à descoberta e formação de novos atletas pelas entidades desportivas, formação esta que é, sem qualquer sombra de dúvidas, fundamental para a manutenção da alta qualidade do futebol brasileiro no cenário mundial.

Nos moldes da legislação atual, a entidade formadora terá prioridade para assinar o primeiro contrato profissional com o atleta, e somente com a renúncia deste direito é que o atleta poderá vincular-se a outra entidade desportiva. Tal renúncia deve ser manifestada de modo inequívoco, posto que a relação entre a entidade de prática desportiva e o atleta e entre este e a entidade organizadora do desporto nacional é formalista, como já mencionado anteriormente.

Diante de tais garantias em relação à formação de novos atletas e da previsão de indenização para o caso de transferência dos mesmos, parece acertado

16. BARROS, Alice Monteiro de. *Op. cit.*, p. 176.

o posicionamento do ordenamento jurídico brasileiro em manter a extinção do instituto do "passe", o que torna a situação jurídica do atleta bem mais próxima dos ditames constitucionais da liberdade do exercício profissional, já que, como visto até aqui, tal liberdade não é irrestrita em função das normas administrativas e organizacionais que regem o futebol no Brasil e no mundo.

Dispunha ainda o art. 13 da Lei n. 6.354/76 que:

> "Art. 13. Na cessão do atleta, poderá o empregador cedente exigir do empregador cessionário o pagamento do passe estipulado de acordo com as normas desportivas, segundo os limites e as condições estabelecidas pelo Conselho Nacional de Desportos.
>
> § 1º O montante do passe não será objeto de qualquer limitação, quando se tratar de cessão para empregador sediado no estrangeiro.
>
> § 2º O atleta terá direito a parcela de, no mínimo, 15% (quinze por cento) do montante do passe, devidos e pagos pelo empregador cedente.
>
> § 3º O atleta não terá direito ao percentual, se houver dado causa à rescisão do contrato, ou se já houver recebido qualquer importância a título de participação no passe nos últimos 30 (trinta) meses."

Dessa forma, o atleta tinha direito ao recebimento de uma parcela mínima de 15% (quinze por cento) do valor recebido por seu ex-empregador e por este devido. Tal direito não prevalecia caso houvesse justa causa do atleta para a rescisão contratual ou este já houvesse recebido este valor nos últimos 30 (dias).

Como assinala *Alice Monteiro de Barros*, era pacífico na doutrina o entendimento de que, em relação ao empregador, a natureza do passe era indenizatória. Havia, contudo, grande discussão acerca da natureza da participação devida ao atleta, sendo que, para alguns, era de natureza remuneratória, e para outros, de natureza indenizatória, entendimento que se pacificou na jurisprudência.[17]

Tal discussão, contudo, perdeu sua razão de ser em função da expressa revogação do art. 13 e seu § 3º pelos arts. 93 e 96 da Lei n. 9.615/98.

5.5 – DO DIREITO DE ARENA

Direito de Arena consiste na participação devida pela entidade de prática desportiva empregadora a seus atletas empregados dos valores provenientes do preço cobrado por essas entidades dos órgãos de imprensa para transmissão e retransmissão dos eventos nos quais tais entidades estejam envolvidas.

Em outras palavras, do preço cobrado pelos clubes para que a imprensa possa transmitir os jogos dos quais participem os atletas terão direito a um percentual a ser pago pelo próprio clube empregador. Deste conceito é que decorrem as dificuldades em se determinar precisamente a natureza jurídica de tais valores pagos aos atletas.

---

17. BARROS, Alice Monteiro de. *Op. cit.*, p. 178.

A origem do termo "arena" vem do latim, significando areia na língua portuguesa, e seu uso no meio esportivo decorre do fato de que, antigamente, os gladiadores se enfrentavam em locais cujo piso era coberto de areia.[18]

É direito decorrente da proteção constitucional conferida à imagem do ser humano, nesse caso, o atleta profissional de futebol, conforme o art. 5º, inciso XXVIII, da Constituição Federal de 1988. Decorre, portanto, do direito da personalidade.

Antes desta previsão constitucional, o direito de arena era previsto no art. 100 da Lei n. 5.988/73, que dispunha: "*à entidade a que esteja vinculado o atleta, pertence o direito de autorizar ou proibir a fixação, transmissão ou retransmissão, por quaisquer meios ou processos, de espetáculo desportivo público, com entrada paga*".[19]

Atualmente, em sede infraconstitucional o "direito de arena" vem previsto no art. 42 da Lei n. 9.615/98 (Lei Pelé), com os seguintes dizeres:

> "Art. 42. Às entidades de prática desportiva pertence o direito de negociar, autorizar e proibir a fixação, a transmissão ou retransmissão de imagem de espetáculo ou eventos desportivos de que participem.
>
> § 1º Salvo convenção em contrário, vinte por cento do preço total da autorização, como mínimo, será distribuído, em partes iguais, aos atletas profissionais participantes do espetáculo ou evento.
>
> § 2º O disposto neste artigo não se aplica a flagrantes de espetáculo ou evento desportivo para fins, exclusivamente, jornalísticos ou educativos, cuja duração, no conjunto, não exceda de três por cento do total do tempo previsto para o espetáculo.
>
> § 3º O espectador pagante, por qualquer meio, de espetáculo ou evento desportivo equipara-se, para todos os efeitos legais, ao consumidor, nos termos do art. 2º da Lei n. 8.078, de 11 de setembro de 1990."

Como assinala *Zainaghi*, o próprio objeto do direito de arena, qual seja, a imagem do atleta profissional de futebol, já demonstra a natureza singular deste direito, pois, se é direito de imagem, caberia então ao próprio atleta autorizar ou não sua exibição pública. Contudo, por força legal, tal titularidade foi atribuída às entidades de prática desportiva às quais os atletas estão vinculados contratualmente.[20]

Renomado autor justifica a opção legislativa de atribuir às entidades de prática desportiva a tutela do direito de imagem de seus atletas ao fato de que, caso assim não fosse, seria praticamente impossível a obtenção da anuência de todos os atletas, além do fato de que as partidas são disputadas entre clubes, e não entre os atletas singularmente considerados.[21]

---

18. ZAINAGHI, Domingos Sávio. *Op. cit.*, p. 145.
19. BARROS, Alice Monteiro de. A Lei Pelé. *Revista Consulex* n. 38, de 29 de fevereiro de 2000, p. 34.
20. ZAINAGHI, Domingos Sávio. *Op. cit.*, p. 146.
21. *Ibidem,* p. 148.

Acertou, dessa forma, o legislador brasileiro ao atribuir às entidades de prática desportiva a tutela da imagem de seus atletas, pois, em última análise, é a imagem da própria entidade que está sendo tutelada.

Assim, mesmo nos espetáculos que não exista a cobrança de ingressos, será devida participação financeira ao atleta profissional.

No que tange à natureza jurídica propriamente dita do direito de arena, uma parte da doutrina considera os valores provenientes deste direito como sendo de natureza remuneratória, à semelhança da mesma natureza conferida às gorjetas.[22]

Do mesmo modo, a definição como sendo o direito de arena de natureza remuneratória implica a conclusão de que tais valores deveriam incidir sobre todas as obrigações trabalhistas devidas ao atleta profissional de futebol, tais como FGTS, férias, 13º salário e recolhimentos previdenciários.[23]

A jurisprudência, contudo, não é totalmente pacífica neste sentido, sendo comum encontrar posicionamentos no sentido favorável à natureza remuneratória do direito de arena e outros no sentido da natureza indenizatória do mesmo.

Defendendo a natureza remuneratória:

> "ATLETA PROFISSIONAL – NATUREZA DOS 'BICHOS' E 'DIREITO DE ARENA' – Os 'bichos', vocabulário largamente utilizado no meio do esporte objetivado pelas partes, referem-se aos prêmios tradicionalmente pagos ao atleta profissional de futebol pelas vitórias e empates conquistados nos jogos disputados. A origem da verba, em si mesma, já revela seu nítido caráter salarial, não configurando mera liberalidade da associação desportiva empregadora, sendo antes gratificação ajustada, integrante do contrato e do salário pactuado, que tem por objetivo premiar o desempenho do atleta. Já o 'direito de arena', compreendido dentro do direito de imagem assegurado no artigo 5º, inciso XXVIII, alínea 'a', da Constituição Federal, decorre da autorização de transmissão das competições organizadas pela entidade de prática desportiva, que divide o valor adquirido com a comercialização dessa transmissão entre os atletas participantes das mesmas competições. Não visa a indenizar o atleta pela sua atuação nos certames esportivos: apenas remunera, pela simples participação. Ambas as verbas possuem natureza contraprestativa, com evidente feição salarial, e integram a remuneração do atleta para todos os efeitos legais" – (TRT – 3ª Região, RO 7336/02, Relator Juiz José Roberto Freire Pimenta, DJ 29.08.02).

Em sentido contrário:

> "Atleta Profissional. Não tem natureza salarial a retribuição econômica, a cargo das emissoras de televisão, resultante da cessão a elas, pelo Atleta Profissional, através do empregador, do uso de sua imagem" – (TRT – 3ª Região, RO 8879/01, Relator Juiz Maurílio Brasil, DJ 31.08.01).

---

22. *Ibidem*, p. 147, 148/152.
23. ZAINAGHI, Domingos Sávio. *Op. cit.*, p. 148.

5.6 – DO FGTS

Como ensina *Amauri Mascaro Nascimento*, "*denomina-se Fundo de Garantia do Tempo de Serviço um sistema de depósitos efetuados pelo empregador em conta bancária do empregado, sob a gestão da Caixa Econômica Federal, e com um Conselho Curador, para utilização pelo trabalhador em hipóteses previstas em lei*".[24]

É considerado pela doutrina como sendo a primeira medida de efetiva precarização do vínculo empregatício e corresponde, individualmente, a um crédito trabalhista, resultante de poupança forçada do trabalhador, criada para seu auxílio em situações de excepcional necessidade durante o vínculo de emprego ou para a garantia de sustento em decorrência da extinção do vínculo de emprego por iniciativa do empregador.[25]

É regido atualmente pela Lei n. 8.036/90, regulamentada pelo Decreto n. 99.684/90, o qual, em seu art. 3º, dispõe que "*a partir de 5 de outubro de 1988, o direito ao regime do FGTS é assegurado aos trabalhadores urbanos e rurais, exceto aos domésticos, independente de opção*".

Diante do regramento legal a esse respeito, resta claro que o atleta profissional de futebol também foi abrangido pelo regime do FGTS, incidindo o percentual de 8% sobre todas as parcelas que compõem a remuneração do atleta (luvas, bichos, direito de arena e quaisquer outros pagamentos que forem efetuados pelo empregador a título remuneratório).

Neste sentido, ensina *Eduardo Gabriel Saad* que "*terá o empregador de recolher ao FGTS a contribuição referente a cada atleta profissional. É fora de dúvida que se incluem na base de cálculo dessa contribuição as gratificações ou 'bichos' como são elas denominadas na gíria futebolística*".[26]

A questão apresentada com grande controvérsia na doutrina é a incidência ou não da multa de 40% em caso de demissão do atleta profissional de futebol antes do término do período contratual, vez que, como já visto, o contrato de trabalho do atleta profissional de futebol é formal e por prazo determinado.

Para uma parte da doutrina a resposta é negativa, incidindo apenas a indenização prevista no art. 479 da CLT, ou seja, metade da remuneração que o atleta teria direito até o término regular do contrato. Para uma segunda corrente, não há incompatibilidade entre a multa do art. 479 da CLT e a multa de 40% do FGTS, sendo perfeitamente possível a cumulação de ambas.

---

24. NASCIMENTO, Amauri Mascaro. *Curso de direito do trabalho*. 20. ed. São Paulo: Saraiva. 2005. p. 856.
25. SÜSSEKIND, Arnaldo *et al*. *Instituições de direito do trabalho*. 22. ed. São Paulo: LTr, 2005. p. 663/664.
26. SAAD, Eduardo Gabriel. *Comentários à lei do Fundo de Garantia do Tempo de Serviço*. 3. ed. LTr, 1995. p. 276.

Contudo, parece mais acertado o entendimento defendido por *Eduardo Gabriel Saad*[27] e *Mauricio Godinho Delgado,*[28] no sentido de que a indenização de 40% sobre os depósitos a título de FGTS, que pune a demissão sem justa causa, é devida cumulativamente com a indenização do art. 479 da CLT, que pune a rescisão unilateral do contrato por prazo determinado pelo empregador antes de seu término normal, seja porque há previsão regulamentar nesse sentido, seja porque não há qualquer motivo de ordem moral ou legal que inviabilize tal cumulação, não havendo que se falar em *bis in idem* e, tampouco, em enriquecimento sem causa do atleta demitido antes do término do prazo do seu contrato.

5.7 – DA MORA SALARIAL

Dispõe o art. 31 da Lei n. 9.615/98 que:

> "Art. 31. A entidade de prática desportiva empregadora que estiver com pagamento de salário de atleta profissional em atraso, no todo ou em parte, por período igual ou superior a três meses, terá o contrato de trabalho daquele atleta rescindido, ficando o atleta livre para se transferir para qualquer outra agremiação de mesma modalidade, nacional ou internacional, e exigir a multa rescisória e os haveres devidos.
>
> § 1º São entendidos como salário, para efeitos do previsto no *caput*, o abono de férias, o décimo terceiro salário, as gratificações, os prêmios e demais verbas inclusas no contrato de trabalho.
>
> § 2º A mora contumaz será considerada também pelo não recolhimento do FGTS e das contribuições previdenciárias.
>
> § 3º Sempre que a rescisão se operar pela aplicação do disposto no *caput* deste artigo, a multa rescisória a favor do atleta será conhecida pela aplicação do disposto no art. 479 da CLT.
>
> § 4º (VETADO)."

Já o art. 32 do mesmo diploma legal dispõe que:

> "Art. 32. É lícito ao atleta profissional recusar competir por entidade de prática desportiva quando seus salários, no todo ou em parte, estiverem atrasados em dois ou mais meses."

Parte da doutrina tem entendido que a equiparação feita pelo § 1º do art. 31 não se estende aos efeitos do art. 32 da Lei n. 9.615/98, razão pela qual somente o atraso dos salários propriamente ditos por pelo menos dois meses é que autorizaria o atleta profissional de futebol deixar de competir por entidade de prática desportiva, autorização esta não estendida para o caso de atraso nos bichos, luvas, etc.[29]

---

27. SAAD, Eduardo Gabriel. *Op. cit.*, p. 403.
28. DELGADO, Mauricio Godinho. *Op. cit.*, p. 532/533.
29. MACHADO, Jayme Eduardo. *O novo contrato desportivo profissional.* Sapucaia do Sul-RS: Nota Dez, 2000, p. 28.

Para *Zainaghi*, contudo, tal entendimento é equivocado, pois tais verbas sempre foram tidas na doutrina e na jurisprudência como sendo salariais e, por isso, estão também englobadas no mencionado art. 32 da Lei Pelé.[30]

Por fim, é importante salientar que, por disposição expressa e cristalina do art. 31, § 2º, da Lei n. 9.615/98, o atraso no recolhimento das contribuições previdenciárias e do FGTS também autorizam a rescisão indireta do contrato de trabalho do atleta profissional de futebol.

30. ZAINAGHI, Domingos Sávio. *Op. cit.*, p. 26.

Capítulo VI

JORNADA DE TRABALHO DO ATLETA PROFISSIONAL DE FUTEBOL

6.1 – CONSIDERAÇÕES INICIAIS

O assunto relacionado à jornada de trabalho do atleta profissional de futebol tem trazido alguns problemas para os operadores do direito, tanto na doutrina quanto na jurisprudência, em razão do silêncio normativo atualmente existente.

Dispunha o art. 6º da Lei n. 6.354/76:

> "Art. 6º O horário normal de trabalho será organizado de maneira a bem servir ao adestramento e à exibição do atleta, não excedendo, porém, de 48 (quarenta e oito) horas semanais, tempo em que o empregador poderá exigir fique o atleta à sua disposição."

Com o advento da Constituição Federal de 1988, o limite de 48 (quarenta e oito) horas semanais foi reduzido para 44 (quarenta e quatro), mantendo-se o limite de 8 (oito) horas diárias.

Contudo, mencionado dispositivo legal foi expressamente revogado pelo art. 96 da Lei n. 9.615/98 (Lei Pelé) sem que outra jornada houvesse sido prevista legalmente, o que trouxe divergências acerca da existência ou não de limitação de jornada para este profissional.

Alice Monteiro de Barros entende que, após a revogação do art. 6º da Lei n. 6.354/76, o atleta profissional de futebol não tem limitação de jornada, pronunciando-se da seguinte forma:

> "Dispunha o art. 6º da Lei n. 6.354, de 1976, que o horário normal de trabalho do atleta seria organizado de forma a bem servir o seu adestramento e exibição, não podendo exceder de quarenta e oito horas semanais, hoje, quarenta e quatro horas semanais, em face da alteração constitucional, tempo em que o empregador poderia exigir que o empregado permanecesse à sua disposição. Lembre-se, entretanto, que esse dispositivo vigorou apenas até 25 de março de 2001, quando foi revogado pelos arts. 93 e 96 da Lei n. 9.615, de 1998. Embora a Constituição de 1988 assegure aos empregados urbanos e rurais jornada de oito horas, dadas as peculiaridades que envolvem a função do atleta, entendemos que as normas a respeito de limitação de horas

semanais, a partir de 26 de março de 2001, não mais serão aplicadas ao profissional do futebol."[1]

Complementa a renomada autora, dizendo:

"O tratamento diferenciado a respeito das relações trabalhistas comuns se justifica em face da natureza especial dessa prestação de serviços, que consiste em uma peculiar distribuição da jornada entre partidas, treinos e excursões. Há relativamente ao atleta, nesse particular, um campo aberto que reclama a atuação das normas coletivas ou dos contratos individuais do trabalho."[2]

Outro, porém, é o entendimento de *Domingos Sávio Zainaghi*, para quem deve prevalecer a limitação de jornada constitucional em razão da ausência de legislação prevendo-a de modo expresso:

"Segundo a norma constitucional a exceção à regra das 8 horas diárias é a compensação de horários, mediante acordo (individual ou coletivo) ou Convenção Coletiva. A norma Constitucional só não se aplica às relações de trabalho doméstico, pois o parágrafo único do art. 7º não estendeu a esses empregados a limitação do inciso XIII. Até mesmo o art. 62, II da CLT, o qual trata do não pagamento de horas extras a gerentes, encontra defensores da tese de sua não aplicação frente à determinação constitucional. Portanto, os atletas profissionais têm jornada de trabalho de 8 horas e duração semanal de 44, incluindo-se os treinamentos e os períodos de exibição."[3]

Em que pese a relevância dos argumentos apresentados por *Alice Monteiro de Barros*, o entendimento que tem prevalecido na jurisprudência atual é de que o atleta profissional de futebol está sim sujeito à limitação de jornada de trabalho, tanto diária quanto semanal, nos moldes como apresentados por *Domingos Sávio Zainaghi*.

Não haveria razão para se entender de maneira diversa. Isto porque, em que pese a situação legislativa do atleta profissional de futebol ser semelhante à do empregado doméstico, ou seja, não possuir regramento infraconstitucional acerca da sua jornada de trabalho, com esta não se equipara.

Como é cediço, a limitação da jornada de trabalho dos empregados em geral vem prevista em sede constitucional e ampara qualquer trabalhador, salvo aqueles expressamente excluídos deste regime, como é o caso do próprio empregado doméstico, conforme entende parte da doutrina acerca da matéria.

Assim, não é possível invocar-se a situação do empregado doméstico perante a atual jurisprudência, a qual, diga-se de passagem, não é pacífica, para tentar

1. BARROS, Alice Monteiro de. *Op. cit.*, p. 182/183.
2. *Ibidem*, p. 183.
3. ZAINAGHI, Domingos Sávio. *Op. cit.*, p. 20.

nela inserir outro profissional que em nada lhe é semelhante, salvo quanto à falta de regramento infraconstitucional acerca da matéria, como já mencionado.

Para o atleta profissional de futebol, os ditames do art. 7º, inciso XIII, da Carta Magna lhe são diretamente aplicáveis e, por isso, é possível concluir que sua jornada de trabalho é de 08 (oito) horas diárias e 44 (quarenta e quatro) semanais.

6.2 – INTERVALO INTERJORNADA

Como assinala *Zainaghi*, "*é claro que nenhum trabalho deve ser executado ininterruptamente por longos períodos, o que acarretaria em graves prejuízos para o trabalhador*".[4]

Como é cediço, não há na Lei n. 6.354/76 ou na Lei n. 9.615/98 qualquer disposição expressa acerca dos intervalos para descanso e alimentação.

Desse modo, por força do disposto no art. 28, § 1º, da Lei n. 9.615/98, aplica-se subsidiariamente ao contrato de trabalho do atleta profissional os ditames do art. 66 da Consolidação das Leis do Trabalho, o qual dispõe que "*entre 2 (duas) jornadas de trabalho haverá um período mínimo de 11 (onze) horas consecutivas para descanso*".

6.3 – INTERVALO INTRAJORNADA

No mesmo sentido, também por força do disposto no art. 28, § 1º, da Lei n. 9.615/98, aplica-se subsidiariamente ao contrato de trabalho do atleta profissional o disposto no art. 71 e seus parágrafos da Consolidação das Leis do Trabalho, dispondo que:

> "Art. 71. Em qualquer trabalho contínuo, cuja duração exceda de 6 (seis) horas, é obrigatória a concessão de um intervalo para o repouso ou alimentação, o qual será, no mínimo, de 1 (uma) hora e, salvo, acordo escrito ou contrato coletivo em contrário, não poderá exceder de 2 (duas) horas.
>
> § 1º Não excedendo de 6 (seis) horas o trabalho, será, entretanto, obrigatório um intervalo de 15 (quinze) minutos quando a duração ultrapassar de 4 (quatro) horas.
>
> § 2º Os intervalos de descanso não serão computados na duração do trabalho.
>
> § 3º O limite mínimo de 1 (uma) hora para repouso ou refeição poderá ser reduzido por ato do Ministro do Trabalho, quando ouvida a Secretaria de Segurança e Higiene do Trabalho, se verificar que o estabelecimento atende integralmente às exigências concernentes à organização dos refeitórios e quando os respectivos empregados não estiverem sob regime de trabalho prorrogado a horas suplementares.
>
> § 4º Quando o intervalo para repouso e alimentação, previsto neste artigo, não for concedido pelo empregador, este ficará obrigado a remunerar o período correspondente com um acréscimo de no mínimo 50% (cinqüenta por cento) sobre o valor da remuneração da hora normal de trabalho."

---

4. ZAINAGHI, Domingos Sávio. *Op. cit.*, p. 85.

O atleta profissional de futebol faz jus, portanto, a um intervalo intrajornada de no mínimo 1 (uma) hora, quando sua jornada de trabalho diária for de mais de 6 (seis) horas, e de 15 (quinze) minutos caso seja inferior a esse limite de 6 (seis) horas.

A respeito do intervalo intrajornada, *Zainaghi* faz ainda um interessante comentário, relacionado ao intervalo para descanso dentro de uma partida de futebol:

> O jogador de futebol goza de um intervalo especial, em virtude da legislação desportiva, qual seja o de quinze minutos, nos dias de jogos, entre os dois tempos da partida. Os intervalos durante a semana de treinos, para repouso e alimentação, não serão computados na jornada. Já os quinze minutos de intervalo durante a realização dos jogos, não serão descontados, isto é, trata-se de tempo à disposição do empregador, computados, portanto, na jornada de trabalho."[5]

6.4 – DESCANSO SEMANAL REMUNERADO

O Descanso Semanal Remunerado é tratado pela Lei n. 605/49, que se aplica de modo subsidiário ao contrato de trabalho do atleta profissional de futebol, por força do disposto no art. 28, § 1º, da Lei n. 9.615/98.

Dispõe o art. 1º da mencionada Lei n. 605/49 que "*todo empregado tem direito ao repouso semanal remunerado de vinte e quarto horas consecutivas, preferencialmente aos domingos e, nos limites das exigências técnicas das empresas, nos feriados civis e religiosos, de acordo com a tradição local*".

Tal direito encontra-se, inclusive, previsto de modo expresso no art. 7º, inciso XV, da Constituição Federal de 1988, o que, por si só, já garantiria tal direito também ao atleta profissional de futebol. Contudo, diante da previsão infraconstitucional mencionada, não restam maiores dúvidas acerca da aplicabilidade deste instituto ao profissional do futebol.

A grande dificuldade, de acordo com a prática futebolística no Brasil, será a concessão do descanso semanal remunerado aos domingos, vez que é justamente neste dia em que, como regra, são realizados os jogos válidos por competições organizadas pelas Federações e Confederações respectivas.

Diante dessa constatação, que ensejou inclusive a criação de um famoso jargão popular dizendo que "*domingo é dia de futebol*", caberá às entidades de prática desportiva conceder aos atletas o mencionado repouso em um outro dia da semana, normalmente nas segundas-feiras subseqüentes às partidas.

Havendo, contudo, a possibilidade de ser concedida no domingo, assim deverá proceder a entidade empregadora.

---

5. ZAINAGHI, Domingos Sávio. *Op. cit.*, p. 86.

6.5 – CONCENTRAÇÕES

Ainda, é importante mencionar o tratamento que vem sendo dado atualmente pela jurisprudência ao instituto da "concentração" dos atletas profissionais de futebol.

Dispõe o art. 7º da Lei n. 6.354/76 que:

> "o atleta será obrigado a concentrar-se, se convier ao empregador, por prazo não superior a 3 (três) dias por semana, desde que esteja programada qualquer competição amistosa ou oficial e ficar à disposição do empregador quando da realização de competição fora da localidade onde tenha sua sede. Parágrafo único. Excepcionalmente, o prazo de concentração poderá ser ampliado quando o atleta estiver à disposição de Federação ou Confederação.

Em Acórdão prolatado em 29 de março de 2000, o TST decidiu que:

> "HORAS EXTRAS. JOGADOR DE FUTEBOL. PERÍODO DE CONCENTRAÇÃO. A concentração é obrigação contratual e legalmente admitida, não integrando a jornada de trabalho, para efeito de pagamento de horas extras, desde que não exceda de 3 dias por semana. Recurso de revista a que nega provimento" (TST – 4ª Turma, RR 405769/97, Relator Ministro Antônio José de Barros Levenhagen, DJ 05.05.2000).

Por esse entendimento, o TST concluiu que o período de concentração não caracteriza tempo à disposição do empregador, mas sim uma característica especial do contrato de trabalho do atleta profissional de futebol, pelo que seu uso além da jornada de trabalho normal não gera ao atleta o direito ao recebimento de horas extras.

Alice Monteiro de Barros, filiando-se a esta corrente, menciona que:

> "a concentração é um costume peculiar ao atleta e visa a resguardá-lo para obtenção de melhor rendimento na competição. Nessa oportunidade, o empregador poderá exigir que o atleta alimente-se adequadamente, observe as horas de sono, abstenha-se de ingerir bebidas alcoólicas e treine. Não vemos como equiparar a concentração a tempo à disposição para fins de horas extras, sequer para efeito de prontidão ou sobreaviso, pois se a razão jurídica das normas que ensejaram tais direitos não é a mesma, igual não poderá ser a solução."[6]

No mesmo sentido, entende *Domingos Sávio Zainaghi* que o período de concentração não está computado como jornada de trabalho do atleta de futebol.[7]

Conclui este autor:

---

6. BARROS, Alice Monteiro de. *Op. cit.*, p. 185/186.
7. ZAINAGHI, Domingos Sávio. *Op. cit.*, p. 91.

"Portanto, face às peculiaridades da profissão de atleta de futebol e pelo fato de a concentração ter sido deliberadamente excluída pelo legislador do art. 6º da Lei n. 6.354/76, concluí-se que não é computada como jornada suplementar as horas em que o empregado estiver concentrado. Até porque, aqui caberia uma pergunta: estando dormindo, o atleta estaria recebendo como horas extras o período de sono?[8]

Por outro lado, o Tribunal Regional do Trabalho da 9ª Região, com sede em Curitiba/PR, teve a oportunidade de pronunciar-se da seguinte forma:

"Horas extras. Jogador de futebol. É devido o pagamento de horas extras ao jogador de futebol por todo o período que ficou na concentração, sem compensação de horário à disposição do empregador" (TRT – 9ª Região, RO 1079/81, Relator Luiz Indalécio Gomes, DJ 26.02.82).

De acordo com o entendimento acima demonstrado, entendeu o TRT paranaense que a concentração configura tempo à disposição do empregador, e seu excesso enseja direito ao empregado de receber as horas respectivas como extraordinárias, caso extrapolem o limite constitucional.

Na doutrina, grande defensor dessa idéia é *Ralph Candia*, dizendo que:

"a concentração se traduz em resguardo costumeiro dos atletas e peculiar às competições de importância, daí ter sido consagrada na legislação em causa. Afigura-se útil para obtenção de um melhor rendimento dos jogadores. O prazo de três dias estabelecido como limite, a nosso ver, não pode deixar de ser considerado como de trabalho normal e, portanto, computável na jornada semanal já examinada, de sorte que, somado às horas colocadas, à disposição antes da concentração, não ultrapassem as quarenta e oito horas semanais, caso em que o excesso será considerado trabalho extraordinário, com incidência do adicional de vinte por cento sobre as horas excedentes. O mesmo critério deverá ser observado quando ocorrer ampliação da concentração, em nada modificando a situação o fato de o atleta se encontrar à disposição da Federação ou Confederação."[9]

De qualquer forma, o entendimento favorável à caracterização do período de concentração como jornada de trabalho é minoritário na doutrina e na jurisprudência.

Apesar disso, é inegável que o período de concentração traz inúmeras limitações à vida privada e ao bem-estar do atleta profissional de futebol, a ponto de ser possível concluir-se que o atleta passa mais tempo em companhia de seus companheiros de equipe do que propriamente com seus familiares.

---

8. ZAINAGHI, Domingos Sávio. *Op. cit.*, p. 22.
9. CANDIA, Ralph. *Comentários aos Contratos Trabalhistas Especiais.* São Paulo: LTr, 1987, p. 18.

Se desconsiderado o Descanso Semanal Remunerado e levando-se em conta a jornada diária máxima de oito horas de trabalho e a possibilidade da prática da concentração durante três dias, fora da jornada do trabalho, como considerado pela maioria da doutrina e da jurisprudência, conclui-se que, das 168 (cento e sessenta e oito horas) da semana, o atleta passa cerca de 96 (noventa e seis) em alguma atividade relacionada à prática desportiva, e 72 (setenta e duas) em períodos de intervalos para descanso.

Tal situação é completamente diferente daquela inerente ao trabalhador normal, que, em regra, pode passar no máximo 44 (quarenta e quatro) horas semanais em atividades relacionadas ao trabalho.

Além disso, não dá para considerar que durante o período de concentração o atleta não esteja de alguma forma à disposição do empregador, pois encontra-se completamente privado de viver uma vida normal nesse período, especialmente porque nem mesmo a companhia de seus entes queridos poderá ter, em situação que, em última análise, acaba por violar inclusive sua dignidade como pessoa humana.

Por esse motivo é que o instituto da concentração é tão criticado no meio futebolístico e inclusive apontado por alguns especialistas como causa para o baixo desempenho de alguns atletas.

Desse modo, sendo totalmente distinta a situação do atleta profissional de futebol em relação ao profissional em geral, vez que aquele acaba permanecendo mais que o dobro do tempo em atividades benéficas ao empregador, o mínimo que se pode fazer é remunerar como extraordinário o período gasto em concentração que extrapolar o limite das quarenta e quatro horas semanais de trabalho.

Como mencionado, tal contraprestação irá simplesmente minimizar a situação dos atletas, mas não poderá jamais compensar as enormes perdas sociais e familiares que o instituto da concentração lhes impõe.

Assim, diante dos ditames do atual texto constitucional limitativo da jornada, e com especial atenção ao princípio da dignidade da pessoa humana, é de se entender que, embora ainda minoritária na doutrina e na jurisprudência, assiste razão àqueles que consideram o período de concentração como tempo à disposição do empregador, passível de ser remunerado com horas extras.

Capítulo VII

AS FÉRIAS DO ATLETA PROFISSIONAL DE FUTEBOL NO BRASIL

O termo férias, conhecido nos tempos modernos como um período de descanso anual a que faz jus o trabalhador, tem sua origem na Roma antiga, pois sob dita denominação o povo comemorava, com jogos, festas e sacrifícios, o início e o fim das colheitas, os casamentos e os aniversários.[1]

Elson Gottschalk, ao conceituar as férias, diz "*entende-se por férias o direito de o empregado interromper o trabalho por iniciativa do empregador, durante um período variável em cada ano, sem perda da remuneração, cumpridas certas condições de tempo no ano anterior, a fim de atender aos deveres de restauração orgânica e de vida social*".[2]

Assim como em relação aos empregados em geral, as férias para o atleta profissional de futebol têm como finalidade possibilitar sua recuperação física gradual, preparando-se para um novo período laboral.

Além disso, tem também um aspecto socioeconômico, vez que neste período o atleta terá condições de dar maior atenção a seus familiares, poderá promover passeios mais longos e ter maior período de descanso juntamente com seus entes queridos, mesmo porque, nos termos constitucionais, terá sua remuneração acrescida da terça parte.

Dispõe o art. 25 da Lei n. 6.354/76 que "*o atleta terá direito a um período de férias anuais remuneradas de 30 (trinta) dias, que coincidirá com o recesso obrigatório das atividades do atleta. Parágrafo único. Durante os 10 (dez) dias seguintes ao recesso é proibida a participação do atleta em qualquer competição com ingressos pagos*".

Esse período de férias, por ausência de previsão legal expressa em sentido contrário, observa a regra geral acerca da matéria, ou seja, é contado em dias corridos, e não em dias úteis.[3]

7.1 – PERÍODO AQUISITIVO

O regramento acerca das férias anuais do atleta profissional de futebol vem expressamente previsto na Lei n. 6.354/76, razão pela qual, neste caso, não são aplicáveis as normas da CLT a este respeito.

1. SÜSSEKIND, Arnaldo *et al. Op. cit.*, p. 883/884.
2. GOMES, Orlando; GOTTSCHALK, Elson. *Op. cit.*, p. 311.
3. BARROS, Alice Monteiro de. *Op. cit.*, p. 186.

Afirma *Zainaghi* que, "*ao contrário do que ocorre com o empregado comum, ao atleta profissional não se lhe impõe nenhuma regra de obrigatoriedade de cumprimento total do período aquisitivo*".[4]

Mencionado autor refere-se à não aplicação ao atleta profissional de futebol da regra prevista no art. 130 da CLT, estabelecendo a aquisição parcial do direito de férias de acordo com as ausências injustificadas durante o período aquisitivo.

Desta forma, independentemente do número de faltas ao longo do período aquisitivo, o atleta profissional de futebol sempre terá direito a trinta dias de férias, por ausência de regramento legal em sentido contrário.

7.2 – PERÍODO CONCESSIVO

Por força do art. 25 da Lei n. 6.354/76, o período concessivo das férias ao atleta profissional também é diferente daquele relativo ao empregado comum. Para este, as férias devem ser concedidas nos 12 (meses) subseqüentes ao período aquisitivo. Para aquele, as férias devem obrigatoriamente coincidir com o recesso de suas atividades normais.

Em outras palavras, encerrada uma temporada, o que normalmente ocorre no final de dezembro, o atleta deverá gozar de trinta dias corridos de férias, retornando aos treinamentos normalmente no final do mês de janeiro, tendo em vista o início das atividades da temporada seguinte.

Apesar dessa regra, o que se vê na prática, nos dias de hoje, é uma dificuldade sem tamanho para as entidades empregadoras conceder tal período integralmente a seus atletas, tudo em função do extenso calendário desportivo nacional, fazendo com que, do término de uma competição ao início de outra sequer exista o mencionado período de trinta dias.

Em razão disso, dá-se o início dos chamados "campeonatos estaduais" sem que as equipes possam contar com seus atletas em perfeitas condições físicas e técnicas, perdidas parcialmente com o gozo das férias, por não terem tido tempo de realizar a adequada "pré-temporada".

Em conseqüência, tem sido freqüente a verificação de que muitos atletas acabam se lesionando por excesso de esforço físico no começo da temporada, o que também lhes ocasiona grandes prejuízos para o restante do ano.

De qualquer forma, entende-se na doutrina e na jurisprudência que as férias constituem direito irrenunciável do atleta, cabendo, portanto, às entidades organizadoras adaptarem seus calendários para que não coincidam com o período de gozo de férias dos atletas profissionais.

4. ZAINAGHI, Domingos Sávio. *Op. cit.*, p. 104.

Durante o gozo das férias, os atletas profissionais não poderão participar de qualquer disputa na qual sejam cobrados ingressos. É medida, em tese, protetiva do empregador, a fim de que o atleta possa efetivamente ter seu descanso, se restabeleça fisicamente e, assim, possa render todo seu potencial ao retornar ao trabalho.

Na prática, contudo, especialmente em relação aos atletas mais famosos, essa finalidade não é totalmente atingida. Isto porque já se tornou tradição no Brasil a realização, nos finais de ano, de diversas partidas beneficentes, organizadas exatamente por atletas profissionais em férias. Para que os espectadores possam adentrar ao estádio, em regra, devem contribuir com alimentos ou roupas, o que, em última análise, pode gerar inclusive o questionamento se se trata ou não de cobrança de ingressos, prática vedada pela lei.

7.3 – REMUNERAÇÃO

Dispõe o art. 7º, inciso XVII, da Constituição Federal que "*são direitos dos trabalhadores urbanos e rurais, além de outros que visem à melhoria de sua condição social: (...) XVII – gozo de férias anuais remuneradas com, pelo menos, um terço a mais do que o salário normal*".

A esse respeito, bem se pronunciou *Ralph Candia*:

> "No que tange à remuneração devida durante o descanso, entendemos que deverá observar o salário fixo além da média dos prêmios, gratificações, bonificações, incluindo-se nestas os chamados bichos que tenha o atleta recebido durante o período aquisitivo, incidindo plenamente, no caso, o princípio contido no art. 142 da Consolidação, com a redação atual, que taxativamente declara ser devida a remuneração, estão abarcados os pagamentos adicionais e paralelos, efetuados em decorrência da vigência da contratação. No caso do atleta, com maior razão a retribuição variável integrará a remuneração, desde que ela deverá ser objeto de convenção escrita, conforme disposto no item III do art. 3º da Lei sob comentários. Esse critério, inclusive, estava amplamente consagrado pela jurisprudência majoritária dos tribunais trabalhistas. Cabe, nas circunstâncias, discutir a eventual consideração de pagamento que não ficou expressamente acertado entre as partes. Entendemos que, revestindo-se de habitualidade, qualquer verba recebida pelo atleta, em decorrência da vigência do pacto, deverá ser avaliada obtendo-se a parcela duodecimal do período aquisitivo, atentando-se para o princípio que resguarda o direito de perceber as férias, com base na remuneração da data da concessão."[5]

5. CANDIA, Ralph. *Op. cit.*, p. 148.

No mesmo sentido, assim pronunciou-se a jurisprudência:

> "Atleta de Futebol – Luvas e Bichos – Natureza Salarial – Repousos Remunerados – Prescrição. As luvas e os prêmios, os bichos pagos ao atleta profissional, revestem-se de natureza jurídica salarial em face da habitualidade no seu pagamento e no seu caráter de retribuição ao desempenho do atleta-empregado. Nesse sentido, integram a remuneração das férias e do 13º salário. Recurso do reclamado a que se nega provimento, no particular. Indevida a consideração de bichos nos cálculos dos repousos remunerados dos atletas, eis que verba paga em razão das condições contratuais e não da jornada, que tem por módulo o mês, e já inclui contraprestação do descanso" (TRT – 4ª Região, 5ª Turma, RO 4.692/89, Relator Juiz Flávio Sirângelo).

Por fim, o atleta deverá receber a remuneração de suas férias em até dois dias antes do início do gozo das mesmas. As férias, ainda, deverão ser anotadas na CTPS do atleta. Por fim, o empregador deverá entregar ao atleta um recibo de férias, constando a data do início e a do término das férias.

Capítulo VIII

O SISTEMA DE TRANSFERÊNCIA DO CONTRATO DE TRABALHO DO ATLETA PROFISSIONAL DE FUTEBOL NO BRASIL

Dispõe o art. 38 da Lei n. 9.615/98, com redação dada pela Lei n. 9.981/00 que "*Qualquer cessão ou transferência de atleta profissional ou não-profissional depende de sua formal e expressa anuência*".

O mencionado dispositivo legal reproduz o que já era estatuído anteriormente pela Lei n. 6.354/76, através de seu art. 10, o qual previa, ainda, de modo expresso, a pena de nulidade para o caso de não observância do estatuído.

Assim, tanto por uma ótica como por outra, a anuência escrita do atleta profissional é da substância do ato jurídico, requisito indispensável para sua validade.

Nesse sentido, ensina *Domingos Sávio Zainaghi*:

> "Por 'formal e expressa' anuência, deve-se entender por escrito. Aqui o legislador preservou (e não poderia ser de outra maneira), a garantia constitucional prevista no art. 5º, *caput*, da Lei Maior, ou seja, o direito à liberdade de contratar."[1]

A cessão do atleta profissional de futebol pode ser temporária (por empréstimo) ou definitiva, dentro do território nacional ou para o estrangeiro.

Como diz *Alice Monteiro de Barros:*

> "tratando-se de transferência do atleta profissional de uma entidade de prática desportiva para outra do mesmo gênero, poderá ela ser temporária, firmada por contrato de empréstimo, e o novo ajuste deverá ser por período igual ou inferior à duração do contrato anterior. Dever-se-á assegurar ao atleta o retorno à entidade cedente, nas condições anteriormente ajustadas, conforme prevê o art. 39 da Lei n. 9.615, de 1998."[2]

Trata-se, portanto, de um caso de suspensão do contrato de trabalho originário durante o período de empréstimo.[3]

Outrossim, dispõe o art. 40 e seus parágrafos da Lei n. 9.615/98 que:

---

1. ZAINAGHI, Domingos Sávio. *Op. cit.*, p. 40.
2. BARROS, Alice Monteiro de. *Op. cit.*, p. 187/188.
3. ZAINAGHI, Domingos Sávio. *Op. cit.*, p. 40.

"Art. 40. Na cessão ou transferência de atleta profissional para entidade de prática desportiva estrangeira observar-se-ão as instruções expedidas pela entidade nacional de título.

§ 1º As condições para transferência do atleta profissional para o exterior deverão integrar obrigatoriamente os contratos de trabalho entre o atleta e a entidade de prática desportiva brasileira que o contratou.

§ 2º Se a entidade de prática desportiva cedente de atleta profissional para entidade de prática desportiva estrangeira tiver sido cessionária do atleta, no prazo inferior a doze meses, em transferência definitiva ou empréstimo, oneroso ou gratuito, para qualquer outra entidade de prática desportiva, será caracterizada como entidade repassadora, fazendo jus a vinte e cinco por cento do valor pactuado para a cessão ou transferência internacional, ficando a entidade formadora com direito de receber setenta e cinco por cento do valor pago pela entidade estrangeira, desde que a entidade formadora do atleta não tenha sido previamente indenizada."

Nos termos do *caput* do dispositivo legal sob análise, caberá à Confederação Brasileira de Futebol – CBF entidade nacional de título expedir as instruções para eventuais transferências internacionais de atletas registrados no Brasil.

A CBF, em obediência ao comando legal, expediu a Resolução de Diretoria n. 04/2004 para regular a matéria, com os seguintes dizeres:

"RESOLUÇÃO DE DIRETORIA

RDI N. 04 /04

Dispõe sobre transferência internacional de jogadores para o estrangeiro

A Diretoria da Confederação Brasileira de Futebol, no uso de suas atribuições legais e estatutárias,

CONSIDERANDO que o êxodo de jogadores brasileiros para o exterior, compreendendo, inclusive, os de reconhecida qualidade técnica, vem causando sérios prejuízos às competições estaduais e nacionais e, em geral, ao futebol brasileiro;

CONSIDERANDO a necessidade da adoção de providências enérgicas para coibir essas transferências internacionais para o futebol do exterior;

CONSIDERANDO que norma da FIFA atribui competência às Associações Nacionais para decidir a respeito da fixação de períodos para a realização de transferências de jogadores;

CONSIDERANDO que o art. 2º, do Regulamento de Aplicação do Regulamento sobre o Estatuto e a Transferência dos Jogadores, da FIFA, determina que as associações nacionais deverão fixar dois períodos anuais para as transferências internacionais, sendo o primeiro período, após o encerramento do campeonato nacional, por um prazo máximo de seis semanas, e o segundo, no meio da temporada, por um prazo máximo de quatro semanas;

CONSIDERANDO que as transferências nesse segundo período devem ser justificadas por motivos desportivos, tais como: ajuste técnico das equipes, substituição de jogadores lesionados, ou em caso de circunstâncias especiais;

CONSIDERANDO que as associações nacionais deverão comunicar à FIFA os dois períodos estabelecidos como períodos de inscrição;

RESOLVE:

1 – Fixar o primeiro período para transferências internacionais de 2 de janeiro a 20 de fevereiro, e o segundo período de 1º a 31 de julho de cada ano.

2 – Estabelecer que as transferências solicitadas no segundo período serão objeto de verificação a respeito das razões que possam justificar o pedido, consoante exige a alínea 'b', do § 1º, do art. 2º do Regulamento de Aplicação do Regulamento FIFA sobre o Estatuto e a Transferência de Jogadores.

Esta RESOLUÇÃO entrará em vigor em 1º de janeiro de 2005, ficando revogadas as disposições em contrário.

Rio de Janeiro, 30 de junho de 2004.

Ricardo Terra Teixeira

Presidente"

Ainda, o art. 40 da Lei Pelé trata da transferência do atleta profissional para uma entidade de prática desportiva situada fora do território nacional, trazendo importante previsão de formalidade para a validade do ato, qual seja, a necessária inclusão no novo contrato de trabalho do atleta das condições da cessão ou transferência levadas a efeito.

Também, tais condições deverão integrar obrigatoriamente o contrato de trabalho firmado entre o atleta profissional e a entidade de prática desportiva que o contratou no Brasil.

No entanto, uma importante mudança legislativa acerca desta matéria ocorreu no ano de 2003, com a inclusão do § 2º ao art. 40 da Lei n. 9.615/98, através da Lei n. 10.672/03. Isto porque a Lei Pelé, através da redação original do seu art. 38, vedava a cobrança de qualquer valor para que se pudesse levar a efeito a cessão do atleta profissional de futebol.

Atualmente, nos dizeres do § 2º do art. 40 da Lei n. 9.615/98, algumas possibilidades são verificadas:

a) Caso uma entidade de prática desportiva nacional, que tenha sido cessionária de um atleta profissional de futebol nos últimos 12 (doze) meses, de modo definitivo ou temporário, gratuito ou oneroso, seja responsável pela transferência deste atleta para outra entidade de prática desportiva situada no exterior, terá direito a um valor correspondente a 25% (vinte e cinco por cento) do valor pactuado para a cessão ou transferência internacional. Neste caso, a entidade de prática desportiva formadora do atleta cedido terá direito ao recebimento dos outros 75% (setenta e cinco por cento) do valor pactuado.

b) Caso tenha sido pactuada e quitada indenização compensatória entre a entidade de prática desportiva formadora do atleta profissional e a entidade que pretende cedê-lo ao exterior, o valor pactuado com a entidade de prática desportiva estrangeira será integralmente da entidade cedente.

Por fim, com relação à cessão definitiva de um atleta profissional de futebol para uma outra entidade de prática desportiva, necessário se faz tecer alguns comentários importantes.

Dispunha o art. 11 da Lei n. 6.354/76 que "*entende-se por passe a importância devida por um empregador a outro, pela cessão do atleta durante a vigência do contrato ou depois de seu término, observadas as normas desportivas pertinentes*".

Este dispositivo legal, como mencionado anteriormente em capítulo próprio, foi revogado de modo expresso pelo art. 96 da Lei n. 9.615/98, retirando o chamado "passe" do ordenamento jurídico brasileiro.

Assim, após o encerramento do prazo pactuado o atleta profissional de futebol poderá livremente pactuar novo contrato de trabalho com outra entidade de prática desportiva sem que sejam devidos quaisquer valores por essa transferência.

Maiores dúvidas surgem quando tal transferência se der durante o curso do contrato em vigor. Neste sentido, dispõe o art. 28 da Lei n. 9.615/98 que:

> "Art. 28. A atividade do atleta profissional, de todas as modalidades desportivas, é caracterizada por remuneração pactuada em contrato formal de trabalho firmado com entidade de prática desportiva, pessoa jurídica de direito privado, que deverá conter, obrigatoriamente, cláusula penal para as hipóteses de descumprimento, rompimento ou rescisão unilateral.
>
> § 1º Aplicam-se ao atleta profissional as normas gerais da legislação trabalhista e da seguridade social, ressalvadas as peculiaridades expressas nesta Lei ou integrantes do respectivo contrato de trabalho.
>
> § 2º O vínculo desportivo do atleta com a entidade desportiva contratante tem natureza acessória ao respectivo vínculo trabalhista, dissolvendo-se, para todos os efeitos legais:
>
> I – com o término da vigência do contrato de trabalho desportivo; ou
>
> II – com o pagamento da cláusula penal nos termos do caput deste artigo; ou ainda
>
> III – com a rescisão decorrente do inadimplemento salarial de responsabilidade da entidade desportiva empregadora prevista nesta Lei.
>
> § 3º O valor da cláusula penal a que se refere o *caput* deste artigo será livremente estabelecido pelos contratantes até o limite máximo de cem vezes o montante da remuneração anual pactuada.
>
> § 4º Far-se-á redução automática do valor da cláusula penal prevista no *caput* deste artigo, aplicando-se, para cada ano integralizado do vigente contrato de trabalho desportivo, os seguintes percentuais progressivos e não-cumulativos:
>
> I – dez por cento após o primeiro ano;
>
> II – vinte por cento após o segundo ano;
>
> III – quarenta por cento após o terceiro ano;
>
> IV – oitenta por cento após o quarto ano.
>
> § 5º Quando se tratar de transferência internacional, a cláusula penal não será objeto de qualquer limitação, desde que esteja expresso no respectivo contrato de trabalho desportivo.
>
> § 6º (Revogado pela Lei n. 10.672 de 2003)

§ 7º É vedada a outorga de poderes mediante instrumento procuratório público ou particular relacionados a vínculo desportivo e uso de imagem de atletas profissionais em prazo superior a um ano."

O contrato de trabalho do atleta profissional de futebol deverá conter obrigatoriamente *cláusula penal* para o caso de rescisão antecipada do contrato, que, nos termos do § 3º do mencionado artigo, para transferências nacionais, não poderá ser superior a 100 (cem) vezes o valor da remuneração anual recebida pelo atleta. Se a transferência for internacional, não haverá tal limitação.

Assim, em caso de transferência durante a vigência do contrato de trabalho do atleta profissional, a entidade de prática desportiva empregadora terá direito ao recebimento do valor previsto na cláusula penal obrigatória, de acordo com os ditames legais, sem que isso se configure o chamado "passe".

Segundo *Zainaghi*, tal cláusula penal é devida exclusivamente pelo atleta ao seu empregador pelo descumprimento, rompimento ou rescisão unilateral, mas não o é pelo clube empregador ao atleta nas mesmas hipóteses, de acordo com o sistema legal em vigor.[4]

Para mencionado autor, caso o clube resolva rescindir o contrato do atleta profissional antes da data previamente estipulada, deverá arcar com as indenizações previstas na CLT, especialmente aquela prevista no art. 479 do texto celetista, arcando o clube com uma multa equivalente a 50% do valor da remuneração que o atleta receberia até o final do prazo contratual.[5]

No mesmo sentido, diz *Álvaro Melo Filho* que:

"é importante aduzir que a cláusula penal desportiva (art. 28) é aplicável apenas ao atleta que 'quebra' unilateralmente o contrato, pois no caso de esse rompimento ser de iniciativa do clube, aplica-se multa rescisória (art. 31) em favor do atleta. Quanto o § 3º do art. 28 não fixar limite para avençar a cláusula penas nas transferências internacionais, deixa evidenciado que o transferido é o atleta, e não o clube, daí porque a cláusula penal incide exclusivamente sobre o atleta. Além disso, quando o art. 33 refere-se a 'condição de jogo' (conceito aplicável tão-somente a atleta, e nunca a clube), que só será concedida com a 'prova de pagamento da cláusula penal', reforça o entendimento de que a cláusula penal incide apenas sobre a resolução unilateral pelo atleta profissional. Qualquer outro entendimento pode gerar situações em que o clube não paga cláusula penal e, por via de conseqüência, o atleta não obtém sua 'condição de jogo', ficando duplamente prejudicado, pois não receberia a indenização decorrente da cláusula penal e ainda estaria impedido de jogar por outro clube, hipótese incognitada pelo legislador. Por sinal, esse mesmo legislador no art. 57, II, dissipa qualquer dúvida ao grafar que cláusula penal será paga pelo atleta. Assim, vê-se, em face de interpretação

4. ZAINAGHI, Domingos Sávio. *Op. cit.*, p. 46.
5. *Ibidem*, p. 47.

sistemática, que a cláusula penal desportiva é devida somente pelo atleta ao clube nos valores pactuados no respectivo contrato profissional desportivo. Aliás, é preciso atender à finalidade visada pelas partes ao estipularem a cláusula penal desportiva, que é uma compensadora das perdas e danos que o clube sofrerá em face do não-cumprimento ou cumprimento parcial, pelo atleta, do contrato de trabalho desportivo profissional. Vale dizer, a cláusula penal, na esfera desportiva, dotada de colorações e conotações especiais, tem em mira compensar o custo que o clube terá com a contratação de outro atleta, no mínimo com a mesma qualidade técnica, para substituir aquele atleta que, unilateralmente e desarrazoadamente, recusa-se a cumprir o pacto laboral, muitas vezes abrindo uma lacuna de difícil preenchimento para o conjunto da equipe."[6]

Alice Monteiro de Barros, por sua vez, entendia que a cláusula penal em questão seria devida no rompimento antecipado do contrato por iniciativa de qualquer uma das partes, e não apenas quando o desligamento partisse do atleta.[7]

Mas reconhece que a alteração legislativa ocorrida em 2003, por força da Lei n. 10.672, que alterou a redação do § 3º do art. 31 da Lei n. 9.615/98, excluiu o atleta da cláusula penal referida, mantendo-a apenas em favor da entidade de prática desportiva.[8]

Afirma, contudo, que essa conclusão, embora jurídica, implica tratamento desigual entre atleta e entidade de prática desportiva e vai de encontro com o princípio teleológico da Lei Pelé, que é exatamente abolir as dificuldades no desligamento do atleta em nome da liberdade de contratar e distratar.[9]

---

6. MELO FILHO, Álvaro. *Novo regime jurídico do desporto*. Brasília: Brasília Jurídica, 2001, p. 128.
7. BARROS, Alice Monteiro de. *Op. cit.*, p. 170.
8. *Ibidem*, p. 171.
9. *Idem*.

Capítulo IX

O PODER DISCIPLINAR DA ENTIDADE DE PRÁTICA DESPORTIVA

9.1 – INTRODUÇÃO

O assunto relacionado ao poder disciplinar da entidade de prática desportiva é de extrema importância para o cenário jurídico do contrato de trabalho do atleta profissional de futebol, especialmente por apresentar alguma diferença em relação àquele inerente ao empregador comum.

Como diz *Luiz José de Mesquita*, o poder disciplinar é:

> "um poder de ação do sujeito ativo para legislar, governar e sancionar, no que respeita à ordem profissional da empresa a que corresponde; para o sujeito passivo, o dever de obediência a esse poder. Trata-se de um poder de direito que se especifica e concretiza em normas, comandos e decisões. As normas regulamentadoras da atividade profissional do empregado formam o poder legislativo da empresa. As ordens, ou comandos técnicos e administrativos, constituem o chamado poder diretivo. As decisões disciplinares constituem o poder disciplinar. O poder hierárquico é, pois, o conjunto dos poderes da autoridade na empresa."[1]

Para *Domingos Sávio Zainaghi*, é possível se comparar o poder disciplinar conferido ao empregador àquele conferido ao Estado para punição das condutas delituosas, puníveis de acordo com o Direito Penal.[2]

Dispõe o art. 48 da Lei n. 9.615/98 que:

> "Art. 48. Com o objetivo de manter a ordem desportiva, o respeito aos atos emanados de seus poderes internos, poderão ser aplicadas, pelas entidades de administração do desporto e de prática desportiva, as seguintes sanções:
>
> I – advertência;
>
> II – censura escrita;
>
> III – multa;
>
> IV – suspensão;
>
> V – desfiliação ou desvinculação.

1. MESQUITA, Luiz José de. *Direito disciplinar do trabalho*. 2. ed. São Paulo: LTr, 1991. p. 43.
2. ZAINAGHI, Domingos Sávio. *Op. cit.*, p. 128.

§ 1º A aplicação das sanções previstas neste artigo não prescinde do processo administrativo no qual sejam assegurados o contraditório e a ampla defesa.

§ 2º As penalidades de que tratam os incisos IV e V deste artigo somente poderão ser aplicadas após decisão definitiva da Justiça Desportiva."

As penas disciplinares podem ser aplicadas ao atleta tanto por sua entidade empregadora, quanto pelas entidades organizadoras do desporto. Vejamos algumas destas particularidades, abordando em primeiro lugar aquelas que podem ser aplicadas pelo empregador.

A *advertência* tem caráter de repreensão. Não pode esta pena humilhar o atleta. É recomendável que ela seja aplicada por escrito, isto por dois motivos: primeiro, para efeito de prova no caso de uma demanda judicial; segundo, para que o empregado não se sinta humilhado por uma repreensão verbal, sobretudo se tal se der diante dos outros atletas. O que se deve ter em mente é que a advertência tem caráter pedagógico e corretivo.[3]

A *suspensão*, além de ter caráter corretivo, traz uma sanção extra, ou seja, o não trabalho e o conseqüente desconto desses dias. Esta suspensão não pode ultrapassar 30 (trinta) dias, sob pena de ser considerado rescindido o contrato, arcando o clube com as indenizações devidas, conforme previsto no art. 474 da CLT.[4]

É possível, ainda, a aplicação da *demissão por justa causa*, figura que será analisada em capítulo próprio mais adiante, vez que tal medida é vista pela doutrina como a de mais grave repercussão.

Modalidade punitiva conhecida exclusivamente pelo contrato de trabalho do atleta profissional de futebol é a *multa pecuniária*, posto que, no Brasil, é vedada sua aplicação aos empregados em geral.

Por ser prevista em lei, a multa pecuniária poderá ser descontada do salário do atleta, conforme estipulado numa das exceções da regra do art. 462 da CLT, o qual prevê que "*ao empregador é vedado efetuar qualquer desconto nos salários do empregado, salvo quando este resultar de adiantamento, de dispositivos de lei ou de contrato coletivo*".

Prevê o art. 15 da Lei n. 6.354/76:

"Art. 15. A associação empregadora e as entidades a que a mesma esteja filiada poderão aplicar ao atleta as penalidades estabelecidas na legislação desportiva, facultada reclamação ao órgão competente da Justiça e Disciplina Desportivas.

§ 1º As penalidades pecuniárias não poderão ser superiores a 40% (quarenta por cento) do salário percebido pelo atleta, sendo as importâncias correspondentes recolhidas diretamente ao 'Fundo de Assistência ao Atleta Profissional – FAAP', a que se refere o art. 9º da Lei n. 6.269, de 24 de novembro de 1975, não readquirindo o atleta

---

3. ZAINAGHI, Domingos Sávio. *Op. cit.*, p. 137.
4. *Idem.*

condição de jogo, enquanto não comprovar, perante a Confederação, a Federação ou a Liga respectiva, o recolhimento, em cada caso.

§ 2º O Conselho Nacional de Desportos expedirá deliberação sobre a justa proporcionalidade entre a pena e a falta."

Nesses moldes legais, a multa pecuniária não poderá se aplicada em montante superior a 40% do valor do salário percebido pelo atleta, e será revertida para o Fundo de Assistência ao Atleta Profissional (FAAP), não podendo o atleta participar regularmente das competições enquanto não comprovar o pagamento da multa.

Por outro lado, como assinala *Alice Monteiro de Barros*, "*uma particularidade existente no contrato de trabalho do atleta consiste no fato de poder ele sofrer punição dos dirigentes de entidades regionais, nacionais e até internacionais, apesar de não serem seus empregadores. Essas punições terão, evidentemente, repercussão no pacto laboral*".[5]

De tão relevante que é o assunto, talvez responsável por uma das maiores diferenças práticas entre os contratos de trabalho em geral e o contrato de trabalho do atleta profissional de futebol, *Domingos Sávio Zainaghi* também faz seus comentários:

"Todavia, há uma particularidade no poder disciplinar a que está sujeito o atleta. Este poderá sofrer punições das entidades regionais ou da confederação nacional. Trata-se de punições impostas por terceiros que influem diretamente no contrato de trabalho entre o atleta e a associação empregadora."[6]

A esse respeito, tivemos inclusive a oportunidade de escrever para a "Revista da Faculdade de Direito Padre Anchieta":

"Outro aspecto importante é a previsão tácita da interferência dos órgãos organizadores de prática desportiva e da chamada 'Justiça Desportiva' nos contratos individuais de trabalho celebrado entre os clubes e os atletas. Tratase de uma verdadeira intervenção externa nos termos destes contratos, prática que diverge dos princípios gerais de direito previstos para a área trabalhista."[7]

Luiz José de Mesquita aponta as vantagens da aplicação da multa pecuniária em relação às outras modalidades punitivas:

"Entre as vantagens que a penalidade apresenta, cita-se o fato de atingir antes o patrimônio do empregado, sendo, em regra, mais branda, economicamente, para quem vive de seu ordenado, do que a suspensão e despe-

5. BARROS, Alice Monteiro de. *Op. cit.*, p. 172-173.
6. ZAINAGHI, Domingos Sávio. *Op. cit.*, p. 130.
7. OLIVEIRA, Jean Marcel Mariano de. *Op. cit.*, p. 110.

dida. Donde, se não puder impor multas, só resta ao empregador forçar o empregado, pela suspensão, a um desemprego mais ou menos prolongado, agravado pela privação do salário, ou despedi-lo, o que faz do operário um sem trabalho."[8]

Temos, ainda, as punições aplicáveis pelas entidades organizadoras do desporto, quais sejam, as punições de *suspensão* (prevista no Código Brasileiro de Justiça Desportiva), *desfiliação* e *desvinculação*, nos termos do §2º do art. 48 da Lei n. 9.615/98 (estas só poderão ser aplicadas após decisão definitiva da Justiça Desportiva). Isto porque são matérias alusivas ao vínculo desportivo (relação atleta profissional e entidade organizadora do desporto), mas que, como visto, poderá trazer repercussões ao contrato de trabalho do atleta com a entidade de prática desportiva.

Seria, por exemplo, o caso do atleta suspenso das atividades desportivas pelo prazo de 720 (setecentos e vinte dias), pena máxima prevista para o caso de agressão física a pessoa ligada à entidade organizadora do desporto, conforme art. 185, inciso II, do Código Brasileiro de Justiça Desportiva – CBJD. Tal punição administrativa impediria o atleta de atuar por sua equipe por quase 02 (dois) anos, sendo inegável sua repercussão no contrato de trabalho deste. O mesmo se diga em relação à desfiliação e à desvinculação, que implicariam impossibilidade definitiva da prática do desporto pelo atleta.

No caso da suspensão, questiona-se na doutrina a possibilidade ou não de a entidade de prática desportiva empregadora suspender por igual período o pagamento dos salários dos atletas. Em princípio, não há que se confundir a suspensão administrativa, que pode ser de até 02 (dois) anos, com a suspensão disciplinar do empregador, que pode ser de no máximo 30 (trinta) dias.

Caso seja aplicada uma suspensão administrativa com duração relevante, maior do que 30 (trinta) dias, caberá à entidade empregadora a decisão de manter o vínculo com o atleta profissional, situação em que subsistirá para este obrigações como as de treinar, se concentrar, manter a forma física, subsistindo também seu direito de receber a correspondente remuneração; podendo, ainda, ser aplicada suspensão disciplinar pelo empregador pelo prazo não superior a 30 (trinta) dias; poderá, contudo, rescindir o contrato do atleta por justa causa e por impossibilidade do desempenho de suas funções.

Caso seja aplicada uma suspensão administrativa sem duração relevante, menor do que 30 (trinta) dias, a entidade de prática desportiva poderá também suspender o atleta disciplinarmente e, de maneira conseqüente, deixar de pagar sua remuneração.

Já para o caso de desvinculação e desfiliação, como o atleta não poderá mais exercer suas funções normais como atleta profissional, é plenamente possível a aplicação imediata da demissão por justa causa.

---

8. MESQUITA, Luiz José de. *Op. cit.*, p. 222.

Por fim, caso venha a ser punido também pela entidade de prática desportiva que lhe é empregadora, o atleta profissional de futebol não poderá alegar a prática de *bis in idem*, pois as punições têm naturezas distintas, ou seja, a punição aplicada pela entidade empregadora tem natureza trabalhista disciplinar, enquanto aquela aplicada pela entidade organizadora do desporto terá natureza administrativa.

9.2 – DEVERES DO ATLETA

Além daqueles inerentes aos contratos de trabalho em geral, os deveres específicos do atleta profissional de futebol vêm previstos no art. 35 da Lei n. 9.615/98, com redação dada pela Lei n. 9.981/00, que dispõe:

> "Art. 35. São deveres do atleta profissional, em especial:
>
> I – participar dos jogos, treinos, estágios e outras sessões preparatórias de competições com a aplicação e dedicação correspondentes às suas condições psicofísicas e técnicas;
>
> II – preservar as condições físicas que lhes permitam participar das competições desportivas, submetendo-se aos exames médicos e tratamentos clínicos necessários à prática desportiva;
>
> III – exercitar a atividade desportiva profissional de acordo com as regras da respectiva modalidade desportiva e as normas que regem a disciplina e a ética desportivas."

Tais regras demonstram sem qualquer dúvida todo o caráter especial do contrato de trabalho do atleta profissional de futebol, cujo sujeito passivo (atleta) está obrigado a certas práticas sequer imagináveis para as demais formas laborais.

Ensina *Zainaghi* que:

> "Como a legislação trabalhista geral tem aplicação, o rol constante dos artigos acima transcritos é exemplificativo, ou seja, traz deveres específicos da profissão de atleta, mas não veda a aplicação dos deveres previstos na legislação trabalhista em geral. À guisa de exemplo, os artigos da CLT, referentes às normas de segurança do trabalho têm aplicação a ambas as partes."[9]

Os atletas devem, assim, exercer sua atividade com toda boa-fé inerente aos contratos em geral, empenhando-se, mantendo a boa forma física, observando as regras de jogo, cumprindo os horários determinados, concentrando-se quando determinado pela entidade de prática desportiva, tratando os demais membros da equipe, árbitros e organizadores com urbanidade, entre outros deveres.[10]

Um importante dever do atleta profissional de futebol está previsto no art. 158 da CLT, relativo à segurança e medicina do trabalho:

---

9. ZAINAGHI, Domingos Sávio. *Op. cit.*, p. 35.
10. *Ibidem*, p. 36.

> "Art. 158. Cabe aos empregados:
>
> I – observar as normas de segurança e medicina do trabalho, inclusive as instruções de que trata o item II do artigo anterior;
>
> II – colaborar com a empresa na aplicação dos dispositivos deste Capítulo.
>
> Parágrafo único. Constitui ato faltoso do empregado a recusa injustificada:
>
> a) à observância das instruções expedidas pelo empregador na forma do item II do artigo anterior;
>
> b) ao uso dos equipamentos de proteção individual fornecidos pela empresa."

Seria o caso, por exemplo, do atleta que se recusasse a, num treinamento, usar a caneleira, caso esta fosse a determinação de seu empregador, vindo a sofrer lesões que poderiam ser evitadas com o uso deste equipamento, situação que caracteriza ato faltoso. Já durante as partidas, a ordem expressa do empregador quanto ao uso deste equipamento se torna desnecessária, pois a caneleira é equipamento de uso obrigatório do atleta, sendo certo que o desrespeito a esta determinação regulamentar poderá acarretar inclusive sanções disciplinares, aplicadas pelo árbitro, como advertência e até exclusão da partida.

9.3 – DEVERES DA ENTIDADE DE PRÁTICA DESPORTIVA

Em decorrência do caráter sinalagmático do contrato, a entidade de prática desportiva também possui deveres. Estes deveres são aqueles previstos na CLT, gerais a todos os contratos de trabalho, e também na Lei n. 9.615/98, especialmente no seu art. 34:

> "Art. 34. São deveres da entidade de prática desportiva empregadora, em especial:
>
> I – registrar o contrato de trabalho do atleta profissional na entidade de administração nacional da respectiva modalidade desportiva;
>
> II – proporcionar aos atletas profissionais as condições necessárias à participação nas competições desportivas, treinos e outras atividades preparatórias ou instrumentais;
>
> III – submeter os atletas profissionais aos exames médicos e clínicos necessários à prática desportiva."

Jayme Eduardo Machado diz que:

"Assim é que, em homenagem à especificidade e particularidades que resultam da relação de trabalho desportivo, ausentes no regramento da legislação trabalhista geral o dispositivo em comento preenche essa lacuna ao elencar deveres próprios da entidade desportiva empregadora. Dentre os deveres previstos, ressalta inicialmente o de efetuar, junto à entidade nacional de administração do desporto – que, no caso do futebol, é a CBF –, o registro do respectivo contrato de trabalho. Não há aqui, referência a tal obrigatoriedade junto às entidades regionais de administração, federações e/ou ligas, o que, todavia, se impõe, não apenas pela tradição estabelecida, mas também pela conveniência e necessidade de manter a organicidade do sistema de registro nas duas respectivas esferas de atribuições. Incluem-se na previsão do dispositivo os deveres da entidade empregadora de proporcionar aos atletas as condições necessárias à participação nas competições, treinos e outras atividades, bem como os de submeter os atletas aos exames médicos e clínicos necessários à prática desportiva."[11]

Além dessas obrigações previstas no art. 34, o art. 45 da Lei n. 9.615/98, com redação dada pela Lei n. 9.981/00, obriga as entidades de prática desportiva a contratarem seguro de acidentes de trabalho para atletas profissionais a elas vinculadas, com o objetivo de cobrir os riscos a que estão sujeitos.[12]

Ainda, na mesma linha seguida para os atletas profissionais, as entidades de prática desportiva também possuem deveres de segurança e medicina do trabalho, os quais estão previstos no art. 157 do texto consolidado, que diz:

> "Art. 157. Cabe às empresas:
>
> I – cumprir e fazer cumprir as normas de segurança e medicina do trabalho;
>
> II – instruir os empregados, através de ordens de serviço, quanto às precauções a tomar no sentido de evitar acidentes do trabalho ou doenças ocupacionais;
>
> III – adotar as medidas que lhes sejam determinadas pelo órgão regional competente;
>
> IV – facilitar o exercício da fiscalização pela autoridade competente."

Resta claro, portanto, que não adianta cobrar dos atletas o cumprimento dos seus deveres a respeito da segurança e medicina do trabalho se não os instruiu adequadamente a esse respeito ou não lhes forneceu os instrumentos de segurança inerentes ao desenvolvimento dos trabalhos, especialmente em relação aos treinamentos, posto que, como mencionado, a obrigatoriedade do uso de equipamentos durante as partidas já vem expressa na regra do jogo.

---

11. MACHADO, Jayme Eduardo. *Op. cit.*, p. 60.
12. BARROS, Alice Monteiro de. *Op. cit.*, p. 173.

Capítulo X

A RESCISÃO CONTRATUAL POR JUSTA CAUSA DO ATLETA E DA ENTIDADE DE PRÁTICA DESPORTIVA

10.1 – A JUSTA CAUSA EM RELAÇÃO AO ATLETA

As figuras básicas da justa causa do atleta profissional de futebol vêm previstas nos arts. 20 da Lei n. 6.354/76 e no 482 da CLT.

Dispõe o art. 20 da Lei n. 6.354/76 que:

"Art. 20. Constituem justa causa para rescisão do contrato de trabalho e eliminação do futebol nacional:

I – ato de improbidade;

II – grave incontinência de conduta;

III – condenação a pena de reclusão, superior a 2 (dois) anos, transitada em julgado;

IV – eliminação imposta pela entidade de direção máxima do futebol nacional ou internacional." (grifo nosso).

O ato de improbidade é tido como uma das faltas mais graves que pode ser praticado pelo atleta profissional de futebol, podendo ensejar sua dispensa por justa causa e, também, em alguns casos, sua eliminação do desporto nacional e internacional. Em regra, é caracterizado por atos como furto, roubo, estelionato, apropriação indébita e suborno.

Sobre o suborno, diz *Alice Monteiro de Barros* que:

"Embora difícil ser comprovado, o suborno poderá existir no meio esportivo. Ele consiste numa dádiva ou entrega e recebimento de dinheiro, com o fim de facilitar ou assegurar um resultado irregular de uma competição desportiva ou, ainda, o desempenho anormal de um participante."[1]

É a tipificação da chamada "mala preta", que consiste no oferecimento de recompensa, financeira ou não, para que um determinado atleta ou equipe facilite ou assegure determinado resultado favorável a quem suborna e prejudicial a quem é subornado.

1. BARROS, Alice Monteiro de. *Op. cit.*, p. 192.

Difere-se da chamada "mala branca", que consiste no oferecimento de recompensa, também financeira ou não, para que determinado atleta ou equipe tenha um estímulo a mais para vencer uma partida ou assegurar um resultado que é favorável tanto para quem oferece a recompensa, quanto para a equipe que a recebe.

Ambas as condutas têm tido seu lado ético questionado, sendo inegável, contudo, a maior gravidade da "mala preta" em relação à "mala branca".

Quanto à incontinência de conduta, para os atletas profissionais de futebol esta é avaliada com mais rigor do que o critério adotado para os empregados em geral, podendo se realizar até mesmo fora das dependências da entidade de prática desportiva empregadora.[2]

Isto porque, como já mencionado no capítulo 5, item 5.3, a subordinação relativa ao contrato de trabalho do atleta profissional de futebol tem caráter mais amplo e intenso que aquela relativa aos contratos de trabalho em geral, abrangendo os controles normais da atividade desportiva (jogos, treinos, concentração, excursões), mas também aspectos pessoais (alimentação, bebidas, horas de sono, peso, preparação física), aspectos íntimos (comportamento sexual) e aspectos mais convencionais (vestimenta, presença externa, declarações à imprensa).

Para *Alice Monteiro de Barros*, citando *Ralph Candia*, "*pratica incontinência de conduta o jogador que comparece com freqüência às casas noturnas, para encontros constantes, amorosos, que somente se concretizam depois de longa permanência na área de diversão, onde quase sempre o uso imoderado de bebida faz parte da noitada*".[3]

É imprescindível para configuração de faltas dessa natureza, contudo, que haja habitualidade, de modo a autorizar a intromissão do clube na vida privada do atleta.[4]

Alice Monteiro de Barros menciona, ainda:

> "Essas prerrogativas patronais, que em outro tipo de contrato seriam ilícitas, no tocante ao atleta, são permitidas porque possuem um nexo de causalidade com o fim do contrato, que é o maior rendimento possível nos espetáculos desportivos, isto é, uma atuação desportiva superior. O cumprimento das obrigações contratuais assumidas voluntariamente em troca de dinheiro e prestígio requer um determinado comportamento privado, que poderá ser objeto de controle pelo empregador. Ressalte-se, entretanto, que as prerrogativas patronais não são irrestritas; podem ocorrer abusos no exercício desse poder de controle. Logo, se for ele exercido com desvio da finalidade, ou seja, sem o objetivo originário, que é o maior rendimento desportivo, a faculdade exercida pelo empregador poderá ser considerada ilegal."[5]

---

2. BARROS, Alice Monteiro de. *Op. cit.*, p. 193.
3. *Idem.*
4. *Idem.*
5. *Idem.*

Já o art. 482 da CLT dispõe que:

"Art. 482. Constituem justa causa para rescisão do contrato de trabalho pelo empregador:

a) ato de improbidade;

b) incontinência de conduta ou mau procedimento;

c) negociação habitual por conta própria ou alheia sem permissão do empregador e quando constituir ato de concorrência à empresa para a qual trabalha o empregado, ou for prejudicial ao serviço;

d) condenação criminal do empregado, passada em julgado, caso não tenha havido suspensão da execução da pena;

e) desídia no desempenho das respectivas funções;

f) embriaguez habitual ou em serviço;

g) violação de segredo da empresa;

h) ato de indisciplina ou de insubordinação;

i) abandono de emprego;

j) ato lesivo da honra ou da boa fama praticado no serviço contra qualquer pessoa, ou ofensas físicas, nas mesmas condições, salvo em caso de legítima defesa, própria ou de outrem;

k) ato lesivo da honra e boa fama, ou ofensas físicas praticadas contra o empregador e superiores hierárquicos, salvo em caso de legítima defesa, própria ou de outrem;

l) prática constante de jogos de azar.

Parágrafo único. Constitui igualmente justa causa para dispensa de empregado, a prática, devidamente comprovada em inquérito administrativo, de atos atentatórios à segurança nacional." (grifo nosso)

Domingos Sávio Zainaghi aponta um exemplo de aplicação do texto consolidado como figura de justa causa em relação ao atleta profissional de futebol:

> "Veja-se o seguinte exemplo: se um atleta durante a competição agride fisicamente um adversário podendo ser punido pela legislação desportiva e até pelo Código Penal, este agressor poderá ter seu contrato rescindido por justa causa consoante a previsão da alínea *j* do art. 482 da CLT. O mesmo ocorre com os atos de desídia, embriaguez, violação de segredo, negociação habitual e ato lesivo da honra ou boa fama do empregador, do técnico, dos companheiros ou de qualquer outra pessoa do clube."[6]

Uma questão interessante é saber se o uso de substâncias dopantes caracteriza ou não justa causa responsável pela resolução contratual do atleta profissional de futebol.

---

6. ZAINAGHI, Domingos Sávio. *Op. cit.*, p. 137.

A Resolução n. 02, de 05 de maio de 2004, do Ministério dos Esportes define *doping* como:

> "Art. 1º Conceitua-se como *doping* a substância, agente, ou método capaz de alterar o desempenho do atleta, a sua saúde ou espírito do jogo, por ocasião de competição desportiva ou fora dela."

Já a dopagem é conceituada pela mesma resolução como:

> "Art. 2º Por dopagem se entende a administração ao atleta, ou o uso por parte deste, de substância, agente, ou método capaz de alterar o desempenho do atleta, prejudicar a sua saúde ou comprometer o espírito do jogo, por ocasião de competição desportiva ou fora dela."

Se a substância dopante foi ingerida pelo atleta por dolo ou culpa deste, resta claro que tal conduta caracteriza sim justa causa para rescisão do contrato de trabalho. Por outro lado, se o uso da substância foi prescrito pelo serviço médico do clube ou da entidade organizadora, ainda que o atleta seja punido na esfera desportiva, não haverá caracterização de figura de justa causa.[7]

O procedimento completo para o controle antidopagem encontra-se minuciosamente descrito na Resolução n. 02/2004, do Ministério dos Esportes.[8]

Como violação de segredo de empresa caracteriza-se a conduta do atleta que, por exemplo, revela ao time adversário uma determinada técnica ou estratégia transmitida aos jogadores[9] ou a escalação da equipe com antecedência, quando esta foi mantida em segredo pelo treinador.

Também configuram justa causa os atos de indisciplina e insubordinação praticados pelo atleta profissional de futebol. A *indisciplina* caracteriza-se pela desobediência às normas de caráter geral. Já a *insubordinação* é o desrespeito a uma ordem específica e lícita emanada do empregador ou seus prepostos, como é o caso do treinador, por exemplo.

Alice Monteiro de Barros entende que podem caracterizar indisciplina e insubordinação, também, as ordens emanadas das entidades de organização desportiva em nível regional, nacional ou internacional.[10]

Tal entendimento, contudo, não parece mais acertado. A desobediência às ordens emanadas de entidades organizadoras do futebol poderão, sim, ensejar punições na esfera desportiva, se tipificadas para tanto, e somente em caso de punição do atleta poderão ensejar punições de ordem trabalhista, como advertências, multas, suspensões e demissão por justa causa, dependendo da gravidade da punição sofrida na esfera desportiva.

---

7. BARROS, Alice Monteiro de. *Op. cit.*, p. 194.
8. Anexo D, p. 162.
9. BARROS, Alice Monteiro de. *Op. cit.*, p. 196.
10. *Idem.*

Isto porque as figuras da indisciplina e insubordinação, previstas no art. 482 da CLT, dizem respeito ao desenvolvimento regular do contrato de trabalho do atleta com a entidade de prática desportiva empregadora, no qual a entidade organizadora não tem qualquer poder de ingerência. Como já mencionado, as entidades organizadoras do futebol acabam sim interferindo no contrato de trabalho do atleta profissional de futebol, mas somente de maneira indireta, através das punições que, administrativamente, aplicam aos atletas praticantes do futebol.

Entender, por exemplo, que caracterize indisciplina ou insubordinação, autorizadora de demissão por justa causa, a conduta do atleta que participa de uma partida, em caso de este vir a receber uma ordem de não jogar uma partida por estar suspenso em razão de expulsão em partida anterior sem que seja punido desportivamente, seria distorcer completamente a finalidade do instituto celetista, vez que a conduta do atleta não trouxe qualquer repercussão para sua equipe nem foi punida na esfera desportiva, em que pese a notória desobediência.

Em que pese parecer absurdo o exemplo, ele não é novidade no cenário desportivo nacional, afinal, até os dias de hoje ninguém sabe ao certo o motivo pelo qual, tendo sido expulso no jogo entre Brasil e Chile, na semifinal da Copa do Mundo de 1962, o jogador Garrincha pôde, sem repercussão alguma para a seleção brasileira, ter jogado a partida final contra a Tchecoslováquia.

De acordo com a regra do futebol, não poderia ter jogado, pois estava suspenso automaticamente. Contudo, jogou e ajudou o Brasil a sagrar-se campeão. Caso tivesse ocorrido tal situação numa competição envolvendo entidades de prática desportiva, tal conduta seria tida como caracterizadora de insubordinação ou indisciplina para efeitos de justa causa? Evidentemente que não.

Desse modo, somente a punição desportiva decorrente de desobediência de ordens emanadas das entidades organizadoras podem ensejar punições trabalhistas aos atletas.

Por outro lado, assiste razão à renomada autora quando afirma que configura justa causa em relação ao empregado ato lesivo de honra ou da boa fama praticado pelo atleta durante uma entrevista a imprensa, por exemplo, salvo se em legítima defesa.[11]

Por fim, é importante mencionar que uma demissão por justa causa do empregado pode ou não ocasionar sua desfiliação ou desvinculação perante a entidade organizadora do futebol, dependendo da gravidade. Do mesmo modo, nem toda desfiliação ou desvinculação do atleta perante a entidade organizadora do futebol implicará a demissão por justa causa do atleta, o qual poderá exercer outra função compatível no clube, mas impedirá sim o exercício por este do futebol.

11. BARROS, Alice Monteiro de. *Op. cit.*, p. 196.

10.2 – A JUSTA CAUSA EM RELAÇÃO À ENTIDADE DE PRÁTICA DESPORTIVA

Em relação ao empregador, a grande razão ensejadora de justa causa, tendo em vista a realidade fática vivida pelas entidades de prática desportiva nos dias de hoje, é a mora contumaz dos salários de seus atletas.

Nesse sentido, dispõe o art. 31, da Lei n. 9.615/98:

> "Art. 31. A entidade de prática desportiva empregadora que estiver com pagamento de salário de atleta profissional em atraso, no todo ou em parte, por período igual ou superior a três meses terá o contrato de trabalho daquele atleta rescindido, fincado o atleta livre para se transferir para qualquer outra agremiação de mesma modalidade, nacional ou internacional, e exigir a multa rescisória e os haveres devidos.
>
> § 1º – São entendidos como salário, para efeitos do previsto no *caput*, o abono de férias, o décimo terceiro salário, as gratificações, os prêmios e demais verbas inclusas no contrato de trabalho.
>
> § 2º – A mora contumaz será considerada também pelo não pelo recolhimento do FGTS e das contribuições previdenciárias.
>
> § 3º – Sempre que a rescisão se operar pela aplicação do disposto no *caput*, a multa rescisória a favor da parte inocente será conhecida pela aplicação do disposto nos arts. 479 e 480 da CLT."

De acordo com o previsto, não basta a simples mora salarial, mas é necessário que essa mora se prolongue por pelo menos 3 (três) meses consecutivos.

A jurisprudência também tem se manifestado nesse sentido:

> "Restando incontroverso nos autos que o empregador encontra-se inadimplente com o salário do atleta há mais de noventa dias, tem o jogador o direito de ter liberado o seu passe, vez que concretizada a hipótese prevista pelo art. 31, da Lei n. 9.615/98". (TRT – 6ª Região, 1ª Turma, RO 01135/01, Relatora Juíza Lygia Soares Outtes Wanderley. J. 26.06.01.

Diante dessa realidade, o que se vê na prática é a freqüente mora salarial praticada por inúmeros clubes brasileiros, que não deixam essa mora se acumular por três meses. Em outras palavras, pratica-se a mora salarial até o segundo mês e, ao estar próximo de se completar o terceiro mês de atraso, os clubes efetuam o pagamento de um deles, voltando, em seguida, a praticar a mora, que não mais será consecutiva.

A melhor interpretação finalística para o mencionado dispositivo legal seria, sem dúvida alguma, aquela que considera como mora contumaz o atraso de 3 (três) meses de salário, consecutivos ou alternados, pois assim estar-se-ia evitando que a incidência desse atraso fosse tão freqüente quanto o que se vê nos dias de hoje na realidade desportiva brasileira. Reconhece-se, contudo, que não é este o entendimento majoritário na jurisprudência e na doutrina.

Importante, contudo, mencionar que o conceito de salário previsto na Lei Pelé é aquele em sentido *lato*, correspondendo, segundo parte da doutrina, à definição de remuneração, englobando abono de férias, 13º salário, gratificações, prêmios (bichos), entre outros.

Outra questão importante diz respeito ao não recolhimento do FGTS e das contribuições previdenciárias. Embora tais parcelas não possam ser consideradas salário diante de sua natureza, é certo que a lei também previu a possibilidade de rescisão indireta do contrato de trabalho pelo atleta profissional caso a entidade de prática desportiva deixe, de maneira contumaz, de efetuar o recolhimento de tais parcelas.

Nesse sentido, entendeu a jurisprudência que:

> "ATLETA PROFISSIONAL. PASSE LIVRE. Como previsto no art. 38 da Lei n. 9.615/98, qualquer cessão ou transferência de atleta profissional, na vigência do contrato de trabalho, depende de formal e expressa anuência deste, e será isenta de qualquer taxa que venha a ser cobrada pela entidade de administração. Comprovado nos autos que o reclamante, cujo passe pertencia ao segundo reclamado, não queria ficar no primeiro reclamado porque pretendia prestar seus serviços de atleta profissional de futebol em outra agremiação, à qual estava emprestado, deve ser mantida a decisão de origem que decretou a liberação do seu passe em seu próprio favor, mesmo porque o primeiro reclamado incorreu na mora contumaz a que se refere o art. 31 da mesma lei ao atrasar o pagamento dos salários e ao não comprovar o recolhimento das parcelas devidas a título de FGTS e contribuições previdenciárias, além de busca impedir que o autor fosse transferido para qualquer outra agremiação esportiva". (TRT – 3ª Região, 5ª Turma, RO 13.055/99, Relator Juiz Levi Fernandes Pinto, DJMG 18.03.2000).

Além destas figuras de justa causa do empregador, caracterizadas pela mora contumaz em relação aos salários do atleta e os respectivos recolhimentos para o FGTS e contribuições previdenciárias, aplicam-se também aquelas previstas no art. 483 da CLT.

Dispõe o art. 483 da CLT que:

> "Art. 483. O empregado poderá considerar rescindido o contrato e pleitear a devida indenização quando:
>
> a) forem exigidos serviços superiores às suas forças, defesos por lei, contrários aos bons costumes, ou alheios ao contrato;
>
> b) for tratado pelo empregador ou por seus superiores hierárquicos com rigor excessivo;
>
> c) correr perigo manifesto de mal considerável;
>
> d) não cumprir o empregador as obrigações do contrato;
>
> e) praticar o empregador, ou seus prepostos, contra ele ou pessoas de sua família, ato lesivo da honra e boa fama;
>
> f) o empregador ou seus prepostos ofenderem-no fisicamente, salvo em caso de legítima defesa, própria ou de outrem;
>
> g) o empregador reduzir o seu trabalho, sendo este por peça ou tarefa, de forma a afetar sensivelmente a importância dos salários.

> § 1º – O empregado poderá suspender a prestação dos serviços ou rescindir o contrato, quando tiver de desempenhar obrigações legais incompatíveis com a continuação do serviço.
>
> § 2º – No caso de morte do empregador constituído em empresa individual, é facultado ao empregado rescindir o contrato de trabalho.
>
> § 3º – Nas hipóteses das letras *d* e *g*, poderá o empregado pleitear a rescisão de seu contrato de trabalho e o pagamento das respectivas indenizações, permanecendo ou não no serviço até final decisão do processo."

Uma das mais importantes obrigações da entidade de prática desportiva é aquela de possibilitar o efetivo exercício profissional pelo atleta, caracterizando sua violação uma das figuras autorizadoras da rescisão indireta, conforme art. 483, letra "d", da CLT.

A esse respeito, ensina *Alice Monteiro de Barros* que:

> "Os desportistas têm direito à ocupação efetiva e não poderão ser excluídos dos treinos ou outras atividades necessárias ao exercício dessa função, que deve ser constantemente alimentada pela preparação, salvo as hipóteses de afastamento por punição disciplinar ou lesão. À semelhança do que ocorre com os artistas, a inatividade poderá ocasionar-lhes prejuízos irreparáveis em seu futuro profissional, porquanto sua promoção está em função direta de seu efetivo emprego. A inatividade forçada aqui é muito mais grave do que em outras profissões, considerado que a carreira profissional do desportista é muito curta. Logo, viola a obrigação contratual de propiciar trabalho ao atleta a conduta do dirigente do clube ou do técnico que implique exclusão sistemática do desportista das competições, sem qualquer fundamento esportivo, senão visível intenção de condená-lo ao ostracismo com todas as suas conseqüências."[12]

E complementa:

> "A desocupação arbitrária, vexatória e discriminatória autoriza a rescisão indireta do contrato, sem prejuízo do dano material e/ou moral daí advindos."[13]

Em caso de rescisão indireta do contrato de trabalho, o atleta profissional fará jus às verbas rescisórias normais decorrentes de uma dispensa sem justa causa, além de uma indenização equivalente ao disposto no art. 479 da CLT, ou seja, metade da remuneração que teria direito pelo tempo restante do seu contrato, conforme art. 31, § 3º, da Lei n. 9.615/98.[14]

---

12. BARROS, Alice Monteiro de. *Op. cit.*, p. 190/191.
13. *Ibidem*, p. 191.
14. *Idem*.

Capítulo XI

A JUSTIÇA DESPORTIVA NO BRASIL

11.1 – DISPOSIÇÕES LEGAIS (LEI N. 9.615/98)

"Art. 49. A Justiça Desportiva a que se referem os §§ 1º e 2º do art. 217 da Constituição Federal e o art. 33 da Lei n. 8.028, de 12 de abril de 1990, regula-se pelas disposições deste capítulo.

Art. 50. A organização, o funcionamento e as atribuições da Justiça Desportiva, limitadas ao processo e julgamento das infrações disciplinares e às competições desportivas, serão definidas em códigos desportivos, facultando-se às ligas constituir seus próprios órgãos judicantes desportivos, com atuação restrita às suas competições.

§ 1º As transgressões relativas à disciplina e às competições desportivas sujeitam o infrator a:

I – advertência;

II – eliminação;

III – exclusão de campeonato ou torneio;

IV – indenização

V – interdição da praça de desportos;

VI – multa;

VII – perda do mando do campo;

VIII – perda dos pontos;

IX – perda da renda;

X – suspensão por partida;

XI – suspensão por prazo.

§ 2º As penas disciplinares não serão aplicadas aos menores de quatorze anos.

§ 3º As penas pecuniárias não serão aplicadas a atletas não-profissionais.

§ 4º Compete às entidades de administração do desporto promover o custeio do funcionamento dos órgãos da Justiça Desportiva que funcionem junto a si.

Art. 51. O disposto nesta Lei sobre Justiça Desportiva não se aplica aos Comitês Olímpico e Paraolímpico Brasileiros.

Art. 52. Os órgãos integrantes da Justiça Desportiva são autônomos e independentes das entidades de administração do desporto de cada sistema, compondo-se do Superior Tribunal de Justiça Desportiva, funcionando junto às entidades nacionais de administração do desporto; dos Tribunais de Justiça Desportiva, funcionando junto às entidades regionais da administração do desporto, e das Comissões Disciplinares, com competência para processar e julgar as questões previstas nos Códigos de Justiça Desportiva, sempre assegurados a ampla defesa e o contraditório.

§ 1º Sem prejuízo no disposto neste artigo, as decisões finais dos Tribunais de Justiça Desportiva são impugnáveis nos termos gerais do direito, respeitados os pressupostos processuais estabelecidos nos §§ 1º e 2º do art. 217 da Constituição Federal.

§ 2º O recurso ao Poder Judiciário não prejudicará os efeitos desportivos validamente produzidos em conseqüência da decisão proferida pelos Tribunais de Justiça Desportiva.

Art. 53. Junto ao Superior Tribunal de Justiça Desportiva, para julgamento envolvendo competições interestaduais ou nacionais, e aos Tribunais de Justiça Desportiva, funcionarão tantas Comissões Disciplinares quantas se fizerem necessárias, compostas cada qual de cinco membros que não pertençam aos referidos órgãos judicantes e que por estes serão indicados.

§ 1º Vetado

§ 2º A Comissão Disciplinar aplicará sanções em procedimento sumário, assegurados a ampla defesa e o contraditório.

§ 3º Das decisões da Comissão Disciplinar caberá recurso aos Tribunais de Justiça Desportiva e deste ao Superior Tribunal de Justiça Desportiva, nas hipóteses previstas nos respectivos Códigos de Justiça Desportiva.

§ 4º O recurso ao qual se refere o parágrafo anterior será recebido e processado com efeito suspensivo quando a penalidade exceder de duas partidas consecutivas ou quinze dias.

Art. 54. O membro do Tribunal de Justiça Desportiva exerce função considerada de relevante interesse público e, sendo servidor público, terá abonadas suas faltas, computando-se como de efetivo exercício a participação nas respectivas sessões.

Art. 55. O Superior Tribunal de Justiça Desportiva e os Tribunais de Justiça Desportiva serão compostos por nove membros, sendo:

I – dois indicados pela entidade de administração do desporto;

II – dois indicados pelas entidades de prática desportiva que participem de competições oficiais da divisão principal;

III – dois advogados com notório saber jurídico desportivo, indicados pela Ordem dos Advogados do Brasil;

IV – um representante dos árbitros, por estes indicado;

V – dois representantes dos atletas, por estes indicados.

§ 1º (Revogado).

§ 2º O mandato dos membros dos Tribunais de Justiça Desportiva terá duração máxima de quatro anos, permitida apenas uma recondução.

§ 3º É vedado aos dirigentes desportivos das entidades de administração e das entidades de prática o exercício de cargo ou função na Justiça Desportiva, exceção feita aos membros dos conselhos deliberativos das entidades de prática desportiva.

§ 4º Os membros dos Tribunais de Justiça desportiva poderão ser bacharéis em Direito ou pessoas de notório saber jurídico, e de conduta ilibada."

11.2 – CONSIDERAÇÕES ACERCA DA LEGISLAÇÃO

A denominada Justiça Desportiva, nos termos da Constituição Federal, não é um órgão do Poder Judiciário, pelo que suas decisões não fazem "coisa julgada material", sendo passíveis de ser revistas e novamente discutidas na esfera judicial.

Dispõe o art. 217 da Constituição Federal que:

> "Art. 217. É dever do Estado fomentar práticas desportivas formais e não-formais, como direito de cada um, observados:
>
> I – a autonomia das entidades desportivas, dirigentes e associações, quanto a sua organização e funcionamento;
>
> II – a destinação de recursos públicos para a promoção prioritária do desporto educacional e, em casos específicos, para o desporto de alto rendimento;
>
> III – o tratamento diferenciado para o desporto profissional e o não-profissional;
>
> IV – a proteção e o incentivo às manifestações desportivas de criação nacional.
>
> § 1º O Poder Judiciário só admitirá ações relativas à disciplina e às competições desportivas após esgotarem-se as instâncias da justiça desportiva, reguladas em lei.
>
> § 2º A justiça desportiva terá o prazo máximo de sessenta dias, contados da instauração do processo, para proferir decisão final.
>
> § 3º O Poder Público incentivará o lazer, como forma de promoção social."

A questão mais importante acerca da organização da Justiça Desportiva é o disposto no § 1º do art. 217 da Constituição Federal, prevendo que o Poder Judiciário somente admitirá ações relativas à disciplina e às competições desportivas após esgotarem-se as instâncias da Justiça Desportiva.

Outrossim, dispõe o art. 29 da Lei n. 6.354/76 que:

> "Art. 29. Somente serão admitidas reclamações à Justiça do Trabalho depois de esgotadas as instâncias da Justiça Desportiva, a que se refere o item III do art. 42 da Lei n. 6.251, de 8 de outubro de 1975, que proferirá decisão final no prazo máximo de 60 (sessenta) dias contados da instauração do processo.
>
> Parágrafo único. O ajuizamento da reclamação trabalhista, após o prazo a que se refere este artigo, tornará preclusa a instância disciplinar desportiva, no que se refere ao litígio trabalhista."

Como se nota, mencionado artigo, que não foi revogado pela Lei n. 9.615/98, traz limitação mais gravosa do que aquela prevista na Constituição Federal, como visto anteriormente. Nesta, o acesso ao Judiciário é limitado nos casos de questões disciplinares e desportivas, enquanto naquele a limitação é geral, inclusive para a esfera trabalhista.

O grande questionamento trazido pela doutrina, especialmente nos primeiros momentos de vigência do novo texto constitucional, é se o art. 29 da Lei n. 6.354/76 foi ou não foi recepcionado pela Carta Magna.

Nos dias atuais, o entendimento majoritário é no sentido de que tal dispositivo legal não foi recepcionado pela Constituição Federal, que prevê em seu art. 5º, inciso XXXV, "*a lei não excluirá da apreciação do Poder Judiciário lesão ou ameaça a direito*".

Quanto à limitação trazida pelo próprio texto constitucional, por ser norma oriunda do Poder Constituinte Originário, o qual tem por característica ser ilimitado, entende-se que é válida.

Nesse sentido, a jurisprudência diz que:

> "JOGADOR DE FUTEBOL – JUSTIÇA DESPORTIVA – EXAURIMENTO DE INSTÂNCIA – DESNECESSIDADE. O art. 29, da Lei n. 6.354/76 não foi recepcionado pela Constituição da República de 1988 que não permite qualquer espécie de obstaculização de acesso ao Judiciário (art. 5º, XXXV) e estabelece o prévio acionamento da Justiça Desportiva apenas no que pertine à disciplina e às competições desportivas (art. 217, § 1º). Dispensável o exaurimento da instância administrativa para que o atleta profissional de futebol ingresse com ação trabalhista perante a Justiça do Trabalho". (TRT – 24ª Região, RO 1418/97, Relator Juiz Amaury Rodrigues Júnior, DJ 22.05.1998).

No mesmo sentido:

> "AÇÃO RESCISÓRIA – ATLETA PROFISSIONAL – RECLAMAÇÃO TRABALHISTA – EXAURIMENTO DE INSTÂNCIAS DA JUSTIÇA DESPORTIVA – ART. 29 DA LEI N. 6.354/76 – INCOMPATIBILIDADE COM O ART. 5º INCISO XXXV DA CONSTITUIÇÃO FEDERAL – INEXISTÊNCIA DE VIOLAÇÃO A LITERAL DISPOSIÇÃO DE LEI. O art. 29 da Lei n. 6.354/76, relativo à impossibilidade de o atleta profissional de futebol propor ação perante a Justiça do Trabalho antes de exauridas as vias desportivas, encontra incompatibilidade com o disposto no art. 5º, inciso XXXV, da Constituição Federal, que estabelece que 'a lei não excluirá da apreciação do Poder Judiciário lesão ou ameaça de direito'. Logo, não há de se falar em violação a literal disposição de lei. Ademais, o art. 217, § 1º, da Constituição Federal, é bastante claro no sentido de que apenas com relação à disciplina e competição desportivas é que há exigência de esgotamento das instâncias da Justiça Desportiva para que se possa recorrer ao Poder Judiciário, nada dispondo acerca das relações de trabalho entre os atletas profissionais e os clubes. Com efeito, estabelece o referido dispositivo: 'O Poder Judiciário só admitirá ações relativas à disciplina e às competições desportivas após esgotarem-se as instâncias da justiça desportiva, regulada em lei'. Rescisória improcedente por unanimidade". (TRT – 24ª Região, AR 355/96, Relator Juiz João de Deus Gomes de Souza, DJ. 18.05.97).

Assim, verifica-se, na prática, que os atletas muitas vezes procuram o Poder Judiciário para solucionar suas pendências, seja na esfera civil, seja na trabalhista, sendo certo que o mesmo não ocorre quando são entidades desportivas que necessitem recorrer ao Poder Judiciário.

Isto ocorre porque elas necessitam de autorização das entidades organizadoras dos eventos para poder deles participar, e sempre que recorrem ao Judiciário para ver resguardados seus direitos, são ameaçadas por estas entidades organizadoras de desfiliação, o que na prática as impediria de participar destes eventos, acabando por fazer com que os clubes deixem de buscar o Judiciário para a solução dos seus litígios.

Em outras palavras, em que pese a existência de princípio constitucional impedindo que normas infraconstitucionais limitem de qualquer modo o livre acesso de qualquer interessado ao Poder Judiciário, as entidades de prática desportiva, em relação ao futebol, sofrem limitações impostas de modo supranacional pela FIFA, a qual impede que tais entidades busquem o Poder Judiciário de seus países de origem, sob pena de serem desfiliadas e se tornarem impossibilitadas de participar de qualquer competição regida por federações e confederações ligadas à FIFA.

Como informa *Domingos Sávio Zainaghi*, "*na órbita da Justiça Civil, enfrentam-se problemas de maior delicadeza, isto no caso particular do futebol, uma vez que o órgão máximo deste esporte, a FIFA, veda o ingresso de entidades desportivas, clubes ou membros de clubes perante os tribunais ordinários, a solução de litígios entre eles ou a própria FIFA*".[1]

E complementa dizendo: "*se uma associação esportiva, clubes ou membros de clubes insistirem em descumprir as determinações da Federação Internacional, as conseqüências serão nefastas, uma vez que uma associação esportiva ou um clube poder ser desfiliados da FIFA, não existindo, juridicamente, forma para obrigá-la a cumprir uma decisão de um tribunal de determinado país*".[2]

Por essas razões, são conhecidas no cenário desportivo diversas tentativas das entidades de prática desportiva para que o tratamento por estas recebido da FIFA seja o mesmo destinado aos atletas profissionais, o que de fato não ocorre.

É de se ressaltar, contudo, que a FIFA tem tolerado das entidades de prática desportiva que busquem guarida judicial quando estiverem envolvidas matérias trabalhistas e penais, o que, em última análise, faz com que as limitações impostas pela FIFA àquelas entidades não repercutam na seara juslaboral, especialmente com a ampliação da competência da Justiça do Trabalho trazida pela Emenda Constitucional n. 45/2004.

Outrossim, ao prever as espécies de punições passíveis de ser aplicadas pelos tribunais desportivos, a lei acabou por consagrar a possibilidade de uma espécie de intervenção de terceiro nos contratos firmados entre os clubes e os atletas, ou seja, ao suspender um atleta, a Justiça Desportiva estará interferindo no contrato de trabalho deste atleta, mesmo não sendo órgão do Poder Judiciário.

Por fim, é importante ressaltar que os atletas menores de quatorze anos não são passíveis de sofrer penas disciplinares. Assim, acertadamente o legislador pátrio protegeu aqueles que possuem menor condição moral de entender a gravidade de seus atos, do mesmo modo como ocorre cientificamente em relação à legislação penal.

---

1. ZAINAGHI, Domingos Sávio. *Op. cit.*, p. 160.
2. *Ibidem*, p. 165.

Capítulo XII

OS DEMAIS TRABALHADORES QUE PARTICIPAM DE COMPETIÇÕES DESPORTIVAS

12.1 – ÁRBITRO DE FUTEBOL

O assunto do contrato de trabalho do árbitro de futebol sempre trouxe muita polêmica entre os operadores do direito na seara desportiva, despontando de imediato duas correntes doutrinárias.

Para a primeira corrente, o árbitro de futebol teria, na sua relação com a respectiva federação para qual exerce suas funções, a incidência dos elementos fático-jurídicos da relação de emprego, razão pela qual seria empregado.

Nesse sentido, decidiu a jurisprudência:

> "Relação de emprego. Árbitro de futebol. Não é eventual o trabalho prestado por árbitro às federações de futebol. A natureza, eventual ou contínua, do trabalho não é configurada pela duração ou freqüência com que este é realizado, mas pela necessidade de sua prestação em relação aos objetivos permanentes de quem os aproveita. Demonstrada a natureza contínua do trabalho e a existência de subordinação hierárquica, resultam presentes na relação jurídica os elementos tipificadores da figura do empregado. Relação de emprego que se reconhece". (TRT – 12ª Região, RO 918/84, Relator Juiz Umberto Grillo, J. 14.05.85).

Por outro lado, uma outra corrente doutrinária, ao meu ver com mais acerto, nega a existência do vínculo empregatício do árbitro de futebol com a federação respectiva, especialmente pela ausência de subordinação jurídica.

A esse respeito manifestou-se a jurisprudência:

> "Árbitro de futebol. Vínculo de emprego. Ausência dos requisitos elencados no art. 3º da CLT. Inexistência. Não se conhece do vínculo de emprego do árbitro de futebol com a Federação, se ausentes os requisitos elencados no art. 3º da CLT, em especial, a subordinação na prestação do trabalho". (TRT – 12ª Região, 3ª Turma, RO 8842/94, Relator Juiz Nilton Rogério Neves, DJSC 12.06.96).

Como assinala *Alice Monteiro de Barros*:

> "a orientação atual do TST inclina-se no sentido de excluir o liame empregatício do árbitro de futebol e lhe atribui a condição de autônomo, ao argumento de que 'o fato de estar sujeito às ordens, instruções e fiscalização da Federação, e de ser por ela escalado para os jogos, não indica a sua subor-

dinação jurídica'. Admitiu-se aqui a subordinação 'agonal', isto é, vinculada apenas às regras do jogo e não à subordinação jurídica indispensável ao reconhecimento do vínculo empregatício."[3]

Diante desta controvérsia, a Lei n. 9.618/98 regulou a matéria de modo expresso e, segundo o entendimento majoritário nos dias de hoje, pôs fim a esta discussão doutrinária.

Dispõe o art. 88 da Lei Pelé que:

> "Art. 88. Os árbitros e auxiliares de arbitragem poderão constituir entidades nacionais e estaduais, por modalidade desportiva ou grupo de modalidades, objetivando o recrutamento, a formação e a prestação de serviços às entidades de administração do desporto.
> Parágrafo único. Independentemente da constituição de sociedade ou entidades, os árbitros e seus auxiliares não terão qualquer vínculo empregatício com as entidades desportivas diretivas onde atuarem, e sua remuneração como autônomos exonera tais entidades de quaisquer outras responsabilidades trabalhistas, securitárias e previdenciárias."

Por fim, nos termos do art. 30, parágrafo único, da Lei n. 10.671/03 (Estatuto de Defesa do Torcedor), a remuneração do árbitro e de seus auxiliares será de responsabilidade da entidade de administração do desporto ou da liga organizadora do evento desportivo.

Contudo, na prática, tais entidades de administração somente repassam aos árbitros e auxiliares os valores que cobram das entidades de prática desportiva para este fim, como condição para participação das competições por elas organizadas.

12.2 – TREINADORES DE FUTEBOL

O contrato de trabalho do treinador de futebol é regido por lei própria (Lei n. 8.650/93). Nos termos do art. 2º desta lei:

> "o Treinador Profissional de Futebol é considerado empregado quando especificamente contratado por clube de futebol ou associação desportiva, com a finalidade de treinar atletas de futebol profissional ou amador, ministrando-lhes técnicas e regras de futebol, com o objetivo de assegurar-lhes conhecimentos táticos e técnicos suficientes para a prática desse esporte."

Também, assim como ocorre com o contrato de trabalho do atleta profissional de futebol, aplicam-se ao contrato de trabalho do treinador as disposições da CLT que não contrariarem a lei específica, por expressa determinação de seu art. 7º.

---

3. BARROS, Alice Monteiro de. *Op. cit.*, p. 73.

A profissão do treinador de futebol é regulamentada. Assim, não é qualquer pessoa ou ex-jogador que poderá exercê-la, sendo necessário que o pretendente tenha concluído curso superior na área de Educação Física.

Também, o contrato de trabalho do treinador profissional deverá ser celebrado por prazo determinado, não podendo ter duração superior a dois anos, conforme inciso I do art. 6º da Lei n. 8.650/93. Tal contrato deve, ainda, ser registrado no Conselho Regional de Desportos e na Federação ou Liga à qual a entidade de prática desportiva empregadora for filiada, devendo ainda ser anotado em CTPS.

Os direitos do treinador profissional de futebol vêm previstos no art. 4º da Lei n. 8.650/93, e consistem basicamente em:

> "I – ampla e total liberdade na orientação técnica e tática da equipe de futebol;
>
> II – apoio e assistência moral e material assegurada pelo empregador, para que possa bem desempenhar suas atividades;
>
> III – exigir do empregador o cumprimento das determinações dos órgãos desportivos atinente ao futebol profissional."

Por sua vez, os deveres do treinador profissional de futebol vêm previstos no art. 5º da mesma lei:

> "I – zelar pela disciplina dos atletas sob sua orientação, acatando e fazendo acatar as determinações dos órgãos técnicos do empregador;
>
> II – manter o sigilo profissional."

Em resumo, o contrato de trabalho do treinador não possui todas as exigências e previsões existentes para o atleta profissional de futebol, em que pese tenha suas funções diretamente ligadas àquela dos atletas. Na verdade, a função de treinador constitui uma espécie de função de confiança da entidade de prática desportiva e também do atleta profissional de futebol, pois são os treinadores que passam os conhecimentos técnicos aos jogadores, escalam as equipes que irão jogar, escolhem, na maioria das vezes, os atletas que serão contratados, promovem as substituições que achar necessárias durante uma partida, disciplinam o regime de concentração, sempre em sintonia com a entidade de prática desportiva, que é também sua empregadora.

CONCLUSÃO

O desporto em geral é elemento de integração social, união entre os povos de diversas culturas, mas, também, de descanso, refúgio, alívio de tensões para as pessoas em geral. O futebol, por sua vez, além desses elementos, por ser o esporte mais praticado no mundo, é sinônimo de paixão, sentimentos, razão pela qual, ao menos no Brasil, é muito difícil encontrar um ambiente onde nada seja falado sobre o esporte.

É diante desse contexto que os juristas encaram o contrato de trabalho do atleta profissional de futebol, deixando de lado seu lado torcedor, para valer-se somente do lado operador do direito, muitas vezes em detrimento do seu próprio clube do coração ou atleta preferido.

Não se sabe ao certo a origem do futebol, nem mesmo em que país se originou. O que se sabe é que, nos moldes em que é jogado hoje, desenvolveu-se na Inglaterra e, deste país expandiu-se para o resto do mundo.

No Brasil, a tese mais aceita é de que o futebol foi trazido por um brasileiro chamado Charles Miller, que retornava de um período de estudos na Inglaterra, trazendo consigo os equipamentos necessários para a prática desportiva e também os conhecimentos teóricos acerca de suas regras.

Atualmente, o futebol é um esporte profissionalizado na grande maioria dos países do mundo. Tal fato, contudo, não impede que existam regulamentações tão heterogêneas de país para país. Traço marcante nos ordenamentos estrangeiros é a classificação do contrato de trabalho do atleta profissional de futebol como sendo por prazo determinado.

No Brasil, o contrato de trabalho do atleta profissional de futebol é regido pelas Leis ns. 6.354/76 e 9.615/98. Incidem sobre este contrato, também, os regulamentos das entidades organizadoras do desporto.

O vínculo existente entre o atleta e a entidade de prática desportiva é empregatício, nos termos da legislação em vigor, e o serviço é prestado com pessoalidade, onerosidade, não-eventualidade e subordinação.

Quanto à subordinação, esta possui traços muito mais acentuados que aquela inerente ao contrato de trabalho em geral, vez que a atuação do atleta tem interferência direta nos espectadores de uma eventual partida e também nos demais companheiros de equipe, posto que o futebol profissional é eminentemente de rendimento, buscando sempre resultados positivos. Uma falta praticada por um atleta compromete não somente sua imagem, mas também a da equipe como um todo.

O contrato de trabalho do atleta profissional de futebol é formal, fugindo à regra da CLT para os contratos de trabalho em geral. Será sempre por prazo determinado, nunca inferior a três meses nem superior a cinco anos.

Somente poderá celebrar contrato de trabalho profissional aquele que for maior de 16 anos. Ainda assim, se menor de 21 anos necessitará da presença de seu representante legal como assistente. Se maior de 18 anos e negada essa assistência, será possível o suprimento judicial.

A remuneração do atleta é composta pelo salário, luvas e gratificações ("bichos"). De natureza controvertida, os "bichos" são tidos como de natureza salarial e, como tal, integrando a remuneração do atleta para o cálculo do FGTS, férias, 13º salário e contribuições previdenciárias. O atleta faz jus, ainda, a uma verba denominada "direito de arena", que remunera a exibição de sua imagem.

Não vigora no ordenamento jurídico atual o instituto do "passe", posto que revogado pela Lei n. 9.615/98. Enquanto vigente, era tido de maneira majoritária como de natureza indenizatória.

A jornada de trabalho do atleta profissional de futebol é de 44 horas semanais e 8 horas diárias, em que pese não haver regulamentação infraconstitucional a esse respeito. Possui direito a um intervalo mínimo de descanso de 11 horas entre jornadas e 1 hora dentro da jornada, caso tenha jornada integral de 8 horas diárias.

O instituto da "concentração" é o que gera mais controvérsias quando se trata da jornada de trabalho do atleta. Ainda hoje, em que pese muito criticado, é por imposição legal um dever do atleta. Majoritariamente, é visto como não incluído na jornada. Contudo, é inegável que por impor grandes limitações ao bem-estar pessoal, social e familiar do atleta, necessita ser remunerado como extraordinário se extrapolar as 44 horas semanais.

O atleta faz jus a férias anuais de 30 dias corridos, cuja concessão coincide com o período de recesso das competições esportivas organizadas pela Confederação Brasileira de Futebol, normalmente nos meses de dezembro e janeiro.

No que diz respeito à transferência do atleta profissional, este somente poderá ser cedido para outra equipe diante de sua expressa concordância.

Se uma entidade desejar firmar contrato com atleta durante o prazo de vigência de um outro contrato, somente poderá fazê-lo se indenizar o atual contratante, em valor máximo de 100 vezes a remuneração anual do atleta para transferências nacionais, e sem limitação de valor para transferências internacionais.

O poder disciplinar no contrato de trabalho do atleta profissional de futebol é traço também marcante e distintivo em relação ao contrato de trabalho em geral. Isto porque, além de ser passível de punição por seu empregador normal, o atleta pode também ser punido administrativamente pela entidade organizadora do desporto, o que trará repercussões no seu contrato de trabalho.

Além disso, dentre as espécies de punição que o atleta pode sofrer, nos termos da lei, está incluída a multa pecuniária de até 40% do valor de sua remuneração, prática vedada aos trabalhadores em geral. Tal multa não reverte em favor do empregador, mas sim em favor do Fundo de Amparo ao Atleta Profissional de Futebol (FAAP).

Este contrato pode ser rescindido antes de vencido o prazo pactuado. Ao empregador caberá a demissão do empregado sem justa causa, pagando-lhe as verbas normais da rescisão contratual sem justa causa, além da indenização prevista no art. 479 da CLT. Ainda, configurada uma das hipóteses legais, o empregador poderá dispensar o atleta por justa causa. Ao empregado será lícito dar por findo seu contrato por culpa do empregador, na modalidade rescisão indireta, se cometida alguma falta prevista em lei ou se houver mora contumaz da entidade de prática desportiva no pagamento dos salários devidos por mais de três meses consecutivos, ou atraso no recolhimento das contribuições ao INSS e ao FGTS.

A Justiça do Trabalho é a competente para conhecer e julgar as demandas oriundas das relações de trabalho entre atleta profissional de futebol e entidade de prática desportiva, sendo desnecessária a prévia submissão desta controvérsia à Justiça Desportiva, nos termos constitucionais. Tal condicionamento somente existe quando se tratar de questão disciplinar ou relativa à prática do futebol.

Na prática, por força de regramento da FIFA, que incide diretamente nas entidades de prática desportiva, estas são impedidas, salvo nas questões trabalhistas e penais, de procurar guarida do Poder Judiciário, sob pena de desfiliação.

O árbitro de futebol não possui vínculo de emprego com a entidade organizadora do futebol por força de lei, em que pese ter sido matéria que suscitou muitas controvérsias na doutrina e na jurisprudência em momentos mais remotos.

O treinador de futebol possui regramento trabalhista próprio, com muitas diferenças em relação ao regramento do atleta profissional de futebol, devendo inclusive ser profissional formado em curso superior de Educação Física, constituindo, portanto, profissão regulamentada.

REFERÊNCIAS BIBLIOGRÁFICAS

ACADEMIA BRASILEIRA DE LETRAS. *Dicionário Jurídico.* 3. ed. Rio de Janeiro: Forense Universitária, 1995.

BARROS, Alice Monteiro de. *Curso de direito do trabalho.* 1. ed. São Paulo: LTr, 2005.

____. *As relações de trabalho no espetáculo.* São Paulo: LTr, 2003.

____. A Lei Pelé. *Revista Consulex* n. 38, de 29 fev. 2000.

CANDIA, Ralph. *Comentários aos contratos trabalhistas especiais.* São Paulo: LTr, 1987.

CATHARINO, José Martins. *O contrato de emprego desportivo no direito brasileiro.* São Paulo: LTr, 1969.

DELGADO, Mauricio Godinho. *Curso de direito do trabalho.* 4. ed. São Paulo: LTr, 2005.

DUARTE, Orlando. *Todos os esportes do mundo.* São Paulo: Makron Brooks, 1996.

FERREIRA, Aurélio Buarque de Holanda. *Novo dicionário Aurélio da língua portuguesa.* 3. ed. revista e atualizada. Curitiba: Positivo, 2004.

GOMES, Orlando; GOTTSCHALK, Elson. *Curso de direito do trabalho.* 17. ed. Rio de Janeiro: Forense, 2005. p. 146.

GUILHERME, Paulo. *Goleiros, heróis e anti-heróis da camisa 1.* São Paulo: Alameda, 2006.

MACHADO, Jayme Eduardo. *O novo contrato desportivo profissional.* Sapucaia do Sul-RS: Nota Dez, 2000.

MELO FILHO, Álvaro. *Novo regime jurídico do desporto.* Brasília: Brasília Jurídica, 2001.

MESQUITA, Luiz José de. *Direito disciplinar do trabalho.* 2. ed. São Paulo: LTr, 1991.

MORAES FILHO, Evaristo de. *Temas atuais de trabalho e previdência.* São Paulo: LTr, 1975.

NASCIMENTO, Amauri Mascaro. *Curso de direito do trabalho.* 20. ed. São Paulo: Saraiva, 2005.

NUNES, Inácio. *Lei Pelé, comentada e comparada.* Disponível em <www.inacionunes.com.br.> Acesso em: 11 ago. 2006.

OLIVEIRA, Jean Marcel Mariano de. O desporto no Brasil sob a ótica da Lei Pelé. *Revista da Faculdade de Direito Padre Anchieta*, Jundiaí, v. 4 (mar/02), 2002, p. 100.

PARREIRA, Carlos Alberto. *Formando equipes vencedoras.* Rio de Janeiro: Best Seller, 2006.

PEREIRA, Adilson Bassalho. O contrato de trabalho do jogador profissional de futebol e a legislação brasileira. *Revista do direito do trabalho*, v. 3, São Paulo.

SAAD, Eduardo Gabriel. Comentários à lei do fundo de garantia do tempo de serviço. 3. ed. São Paulo: LTr, 1995.

SÜSSEKIND, Arnaldo et al. *Instituições de direito do trabalho.* 22. ed. São Paulo: LTr, 2005. v. 1 e 2.

ZAINAGHI, Domingos Sávio. *Os atletas profissionais de futebol no direito do trabalho.* São Paulo: LTr, 1998.

____. *Nova legislação desportiva* – aspectos trabalhistas. São Paulo: LTr, 2001.

A história do futebol – um jogo mágico. Fremantle Media, publicado no Brasil por Nbo Editora, edição em DVD, 2006, capítulos 01 a 13.

Fifa futebol – o melhor do século. Produzido por Focus Filmes e TWI/FIFA, distribuído no Brasil por Conquest Distribuidora de Filmes Ltda., edição em DVD comemorativa dos 100 anos da FIFA, 2006.

Fifa Fever – o melhor da história do futebol. Produzido por Focus Filmes e TWI/FIFA, distribuído no Brasil por Conquest Distribuidora de Filmes Ltda., edição em DVD, 2006.

Anexo A

LEI N. 6.354, DE 2 DE SETEMBRO DE 1976

O PRESIDENTE DA REPÚBLICA, faço saber que o CONGRESSO NACIONAL decreta e eu sanciono a seguinte Lei:

Art. 1º Considera-se empregador a associação desportiva que, mediante qualquer modalidade de remuneração, se utilize dos serviços de atletas profissionais de futebol, na forma definida nesta Lei.

Art. 2º Considera-se empregado, para os efeitos desta Lei, o atleta que praticar o futebol, sob a subordinação de empregador, como tal definido no artigo 1º mediante remuneração e contrato, na forma do artigo seguinte.

Art. 3º O contrato de trabalho do atleta, celebrado por escrito, deverá conter:

I – os nomes das partes contratantes devidamente individualizadas e caracterizadas;

II – o prazo de vigência, que, em nenhuma hipótese, poderá ser inferior a 3 (três) meses ou superior a 2 (dois) anos;

III – o modo e a forma da remuneração, especificados o salário os prêmios, as gratificações e, quando houver, as bonificações, bem como o valor das luvas, se previamente convencionadas;

IV – a menção de conhecerem os contratantes os códigos os regulamentos e os estatutos técnicos, o estatuto e as normas disciplinares da entidade a que estiverem vinculados e filiados;

V – os direitos e as obrigações dos contratantes, os critérios para a fixação do preço do passe e as condições para dissolução do contrato;

VI – o número da Carteira de Trabalho e Previdência Social de Atleta Profissional de Futebol.

§ 1º Os contratos de trabalho serão registrados no Conselho Regional de Desportos, e inscritos nas entidades desportivas de direção regional e na respectiva Confederação.

§ 2º Os contratos de trabalho serão numerados pelas associações empregadoras, em ordem sucessiva e cronológica, datados e assinados, de próprio punho, pelo atleta ou pelo responsável legal, sob pena de nulidade.

§ 3º Os contratos do atleta profissional de futebol serão fornecidos pela Confederação respectiva, e obedecerão ao modelo por ela elaborado e aprovado pelo Conselho Nacional de Desportos.

Art. 4º Nenhum atleta poderá celebrar contrato sem comprovante de ser alfabetizado e de possuir Carteira de Trabalho e Previdência Social de Atleta Profissional de Futebol bem como de estar com a sua situação militar regularizada e do atestado de sanidade física e mental, inclusive abreugrafia.

§ 1º Serão anotados na Carteira de Trabalho e Previdência Social de Atleta Profissional de Futebol além dos dados referentes a identificação e qualificação do atleta:

a) denominação da associação empregadora e da respectiva Federação;

b) datas de início e término do contrato de trabalho;

c) transferência, remoções e reversões do atleta;

d) remuneração;

e) número de registro no Conselho Nacional de Desportos ou no Conselho Regional de Desportos;

f) todas as demais anotações, inclusive previdenciárias, exigidas por lei.

§ 2º A Carteira de Trabalho e Previdência Social de Atleta Profissional de Futebol será impressa e expedida pelo Ministério do Trabalho, podendo, mediante convênio, ser fornecida por intermédio da Confederação respectiva.

Art. 5º Ao menor de 16 (dezesseis) anos é vedada a celebração de contrato, sendo permitido ao maior de 16 (dezesseis) anos e menor de 21 (vinte e um) anos somente com o prévio e expresso assentimento de seu representante legal.

Parágrafo único. Após 18 (dezoito) anos completos, na falta ou negativa do assentimento do responsável legal o contrato poderá ser celebrado mediante suprimento judicial.

Art. 6º O horário normal de trabalho será organizado de maneira a bem servir ao adestramento e à exibição do atleta, não excedendo, porém, de 48 (quarenta e oito) horas semanais, tempo em que o empregador poderá exigir fique o atleta à sua disposição.

Art. 7º O atleta será obrigado a concentrar-se, se convier ao empregador, por prazo não superior a 3 (três) dias por semana, desde que esteja programada qualquer competição amistosa ou oficial e ficar à disposição do empregador quando da realização de competição fora da localidade onde tenha sua sede.

Parágrafo único. Excepcionalmente, o prazo de concentração poderá ser ampliado quando o atleta estiver à disposição de Federação ou Confederação.

Art. 8º O atleta não poderá recusar-se a tomar parte em competições dentro ou fora do País, nem a permanecer em estação de repouso, por conta e risco do empregador, nos termos do que for convencionado no contrato, salvo por motivo de saúde ou de comprovada relevância familiar.

Parágrafo único. O prazo das excursões ao exterior não poderá, em hipótese alguma, ser superior a 70 (setenta) dias.

Art. 9º É lícita a cessão temporária do atleta, desde que feita pelo empregador em favor de Federação ou Liga a que estiver filiado, ou da respectiva Confederação, para integrar representação desportiva regional ou nacional.

Art. 10. A cessão eventual, temporária ou definitiva do atleta por um empregador a outro dependerá, em qualquer caso, da prévia concordância, por escrito, do atleta, sob pena de nulidade.

Art. 11. Entende-se por passe a importância devida por um empregador a outro, pela cessão do atleta durante a vigência do contrato ou depois de seu término, observadas as normas desportivas pertinentes.

Art. 12. Entende-se por luvas a importância paga pelo empregador ao atleta, na forma do que for convencionado, pela assinatura do contrato.

Art. 13. Na cessão do atleta, poderá o empregador cedente exigir do empregador cessionário o pagamento do passe estipulado de acordo com as normas desportivas, segundo os limites e as condições estabelecidas pelo Conselho Nacional de Desportos.

§ 1º O montante do passe não será objeto de qualquer limitação, quando se tratar de cessão para empregador sediado no estrangeiro.

§ 2º O atleta terá direito a parcela de, no mínimo, 15% (quinze por cento) do montante do passe, devidos e pagos pelo empregador cedente.

§ 3º O atleta não terá direito ao percentual, se houver dado causa à rescisão do contrato, ou se já houver recebido qualquer importância a título de participação no passe nos últimos 30 (trinta) meses.

Art. 14. Não constituirá impedimento para a transferência ou celebração de contrato a falta de pagamento de taxas ou de débitos contraídos pelo atleta com as entidades desportivas ou seus empregadores anteriores.

Parágrafo único. As taxas ou débitos de que trata este artigo serão da responsabilidade do empregador contratante, sendo permitido o seu desconto nos salários do atleta contratado.

Art. 15. A associação empregadora e as entidades a que a mesma esteja filiada poderão aplicar ao atleta as penalidades estabelecidas na legislação desportiva, facultada reclamação ao órgão competente da Justiça e Disciplina Desportivas.

§ 1º As penalidades pecuniárias não poderão ser superiores a 40% (quarenta por cento) do salário percebido pelo atleta, sendo as importâncias correspondentes recolhidas diretamente ao "Fundo de Assistência ao Atleta Profissional – FAAP", a que se refere o artigo 9º da Lei n. 6.269, de 24 de novembro de 1975, não readquirindo o atleta condição de jogo, enquanto não comprovar, perante a Confederação, a Federação ou a Liga respectiva, o recolhimento, em cada caso.

§ 2º O Conselho Nacional de Desportos expedirá deliberação sobre a justa proporcionalidade entre a pena e a falta.

Art. 16. No caso de ficar o empregador impedido, temporariamente, de participar de competições por infração disciplinar ou licença, nenhum prejuízo poderá advir para o atleta, que terá assegurada a sua remuneração contratual.

Parágrafo único. No caso de o impedimento ser definitivo, inclusive por desfiliação do empregador, dar-se-á a dissolução do contrato, devendo o passe do atleta ser negociado no prazo improrrogável de 90 (noventa) dias, sob pena de concessão de passe livre.

Art. 17. Ocorrendo, por qualquer motivo, previsto em lei, a dissolução do empregador, o contrato será considerado extinto, considerando-se o atleta com passe livre.

Art. 18. Não podendo contar com o atleta, impedido de atuar por motivo de sua própria e exclusiva responsabilidade, poderá o empregador ficar dispensado do pagamento do salário durante o prazo de impedimento ou do cumprimento da pena, considerando-se prorrogado o contrato por igual prazo, nas mesmas condições, a critério do empregador.

Art.19. Os órgãos competentes da Justiça e Disciplina Desportivas na forma da legislação desportiva, poderão aplicar aos atletas as penalidades previstas nos Códigos disciplinares, sendo que a pena de eliminação somente será válida se confirmada pela superior instância disciplinar da Confederação assegurada, sempre, a mais ampla defesa.

Parágrafo único. Na hipótese de indicação por ilícito punível com a penalidade de eliminação, poderá o atleta ser suspenso, preventivamente, por prazo não superior a 30 (trinta) dias.

Art. 20. Constituem justa causa para rescisão do contrato de trabalho e eliminação do futebol nacional:

I – ato de improbidade;

II – grave incontinência de conduta;

III – condenação a pena de reclusão, superior a 2 (dois) anos, transitada em julgado;

IV – eliminação imposta pela entidade de direção máxima do futebol nacional ou internacional.

Art. 21. É facultado às partes contratantes, a qualquer tempo, resilir o contrato, mediante documento escrito, que será assinado, de próprio punho, pelo atleta, ou seu responsável legal, quando menor, e 2 (duas) testemunhas.

Art. 22. O empregador será obrigado a proporcionar ao atleta boas condições de higiene e segurança do trabalho e, no mínimo, assistência médica e odontológica imediata nos casos de acidentes durante os treinamentos ou competições e nos horários em que esteja à sua disposição.

Art. 23. As datas, horários e intervalos das partidas de futebol obedecerão às determinações do Conselho Nacional de Desportos e das entidades desportivas.

Art. 24. É vedado à associação empregadora pagar, como incentivo em cada partida, prêmios ou gratificações superiores à remuneração mensal do atleta.

Art. 25. O atleta terá direito a um período de férias anuais remuneradas de 30 (trinta) dias, que coincidirá com o recesso obrigatório das atividades de futebol.

Parágrafo único. Durante os 10 (dez) dias seguintes ao recesso é proibida a participação do atleta em qualquer competição com ingressos pagos.

Art. 26. Terá passe livre, ao fim do contrato, o atleta que, ao atingir 32 (trinta e dois) anos de idade, tiver prestado 10 (dez) anos de serviço efetivo ao seu último empregador.

Art. 27. Todo ex-atleta profissional de futebol que tenha exercido a profissão durante 3 (três) anos consecutivos ou 5 (cinco) anos alternados, será considerado, para efeito de trabalho, monitor de futebol.

Art. 28. Aplicam-se ao atleta profissional de futebol as normas gerais da legislação do trabalho e da previdência social, exceto naquilo que forem incompatíveis com as disposições desta lei.

Art. 29. Somente serão admitidas reclamações à Justiça do Trabalho depois de esgotadas as instâncias da Justiça Desportiva, a que se refere o item III do artigo 42 da Lei número 6.251, de 8 de outubro de 1975, que proferirá decisão final no prazo máximo de 60 (sessenta) dias contados da instauração do processo.

Parágrafo único. O ajuizamento da reclamação trabalhista, após o prazo a que se refere este artigo, tornará preclusa a instância disciplinar desportiva, no que se refere ao litígio trabalhista.

Art. 30. O empregador ou associação desportiva que estiver com o pagamento de salários dos atletas em atraso, por período superior a 3 (três) meses, não poderá participar de qualquer competição oficial ou amistosa, salvo autorização expressa da Federação ou Confederação a que estiver filiado.

Art. 31. O processo e o julgamento dos litígios trabalhistas entre os empregadores e os atletas profissionais de futebol, no âmbito da Justiça Desportiva, serão objeto de regulação especial na codificação disciplinar desportiva.

Art. 32. A inobservância dos dispositivos desta Lei será punida com a suspensão da associação ou da entidade, em relação à prática do futebol, por prazo de 15 (quinze) a 180 (cento e oitenta) dias, ou multa variável de 10 (dez) a 200 (duzentas) vezes o maior valor de referência vigente no País, imposta pelo Conselho Nacional de Desportos.

Art. 33. Esta lei entrará em vigor 180 (cento e oitenta) dias após sua publicação, revogadas as disposições em contrário.

Brasília, 2 de setembro de 1976;
155º da Independência e 88º da República.

ERNESTO GEISEL
Arnaldo Prieto

Anexo B

LEI N. 9.615, DE 24 DE MARÇO DE 1998

O PRESIDENTE DA REPÚBLICA Faço saber que o Congresso Nacional decreta e eu sanciono a seguinte Lei:

CAPÍTULO I

DISPOSIÇÕES INICIAIS

Art. 1º O desporto brasileiro abrange práticas formais e não-formais e obedece às normas gerais desta Lei, inspirado nos fundamentos constitucionais do Estado Democrático de Direito.

§ 1º A prática desportiva formal é regulada por normas nacionais e internacionais e pelas regras de prática desportiva de cada modalidade, aceitas pelas respectivas entidades nacionais de administração do desporto.

§ 2º A prática desportiva não-formal é caracterizada pela liberdade lúdica de seus praticantes.

CAPÍTULO II

DOS PRINCÍPIOS FUNDAMENTAIS

Art. 2º O desporto, como direito individual, tem como base os princípios:

I – da soberania, caracterizado pela supremacia nacional na organização da prática desportiva;

II – da autonomia, definido pela faculdade e liberdade de pessoas físicas e jurídicas organizarem-se para a prática desportiva;

III – da democratização, garantido em condições de acesso às atividades desportivas sem quaisquer distinções ou formas de discriminação;

IV – da liberdade, expresso pela livre prática do desporto, de acordo com a capacidade e interesse de cada um, associando-se ou não a entidade do setor;

V – do direito social, caracterizado pelo dever do Estado em fomentar as práticas desportivas formais e não-formais;

VI – da diferenciação, consubstanciado no tratamento específico dado ao desporto profissional e não-profissional;

VII – da identidade nacional, refletido na proteção e incentivo às manifestações desportivas de criação nacional;

VIII – da educação, voltado para o desenvolvimento integral do homem como ser autônomo e participante, e fomentado por meio da prioridade dos recursos públicos ao desporto educacional;

IX – da qualidade, assegurado pela valorização dos resultados desportivos, educativos e dos relacionados à cidadania e ao desenvolvimento físico e moral;

X – da descentralização, consubstanciado na organização e funcionamento harmônicos de sistemas desportivos diferenciados e autônomos para os níveis federal, estadual, distrital e municipal;

XI – da segurança, propiciado ao praticante de qualquer modalidade desportiva, quanto a sua integridade física, mental ou sensorial;

XII – da eficiência, obtido por meio do estímulo à competência desportiva e administrativa.

Parágrafo único. A exploração e a gestão do desporto profissional constituem exercício de atividade econômica sujeitando-se, especificamente, à observância dos princípios: (Incluído pela Lei n. 10.672, de 2003)

I – da transparência financeira e administrativa; (Incluído pela Lei n. 10.672, de 2003)

II – da moralidade na gestão desportiva; (Incluído pela Lei n. 10.672, de 2003)

III – da responsabilidade social de seus dirigentes; (Incluído pela Lei n. 10.672, de 2003)

IV – do tratamento diferenciado em relação ao desporto não profissional; e (Incluído pela Lei n. 10.672, de 2003)

V – da participação na organização desportiva do País. (Incluído pela Lei n. 10.672, de 2003)

CAPÍTULO III

DA NATUREZA E DAS FINALIDADES DO DESPORTO

Art. 3º O desporto pode ser reconhecido em qualquer das seguintes manifestações:

I – desporto educacional, praticado nos sistemas de ensino e em formas assistemáticas de educação, evitando-se a seletividade, a hipercompetitividade de seus praticantes, com a finalidade de alcançar o desenvolvimento integral do indivíduo e a sua formação para o exercício da cidadania e a prática do lazer;

II – desporto de participação, de modo voluntário, compreendendo as modalidades desportivas praticadas com a finalidade de contribuir para a integração dos praticantes na plenitude da vida social, na promoção da saúde e educação e na preservação do meio ambiente;

III – desporto de rendimento, praticado segundo normas gerais desta Lei e regras de prática desportiva, nacionais e internacionais, com a finalidade de obter resultados e integrar pessoas e comunidades do País e estas com as de outras nações.

Parágrafo único. O desporto de rendimento pode ser organizado e praticado:

I – de modo profissional, caracterizado pela remuneração pactuada em contrato formal de trabalho entre o atleta e a entidade de prática desportiva;

II – de modo não-profissional, identificado pela liberdade de prática e pela inexistência de contrato de trabalho, sendo permitido o recebimento de incentivos materiais e de patrocínio. (Redação dada pela Lei n. 9.981, de 2000)

a) (revogada); (Redação dada pela Lei n. 9.981, de 2000)

b) (revogada). (Redação dada pela Lei n. 9.981, de 2000)

CAPÍTULO IV

DO SISTEMA BRASILEIRO DO DESPORTO

Seção I

Da composição e dos objetivos

Art. 4º O Sistema Brasileiro do Desporto compreende:

I – o Ministério do Esporte; (Redação dada pela Lei n. 10.672, de 2003)

II – (Revogado pela Lei n. 10.672, de 2003)

III – o Conselho Nacional do Esporte – CNE; (Redação dada pela Lei n. 10.672, de 2003)

IV – o sistema nacional do desporto e os sistemas de desporto dos Estados, do Distrito Federal e dos Municípios, organizados de forma autônoma e em regime de colaboração, integrados por vínculos de natureza técnica específicos de cada modalidade desportiva.

§ 1º O Sistema Brasileiro do Desporto tem por objetivo garantir a prática desportiva regular e melhorar-lhe o padrão de qualidade.

§ 2º A organização desportiva do País, fundada na liberdade de associação, integra o patrimônio cultural brasileiro e é considerada de elevado interesse social, inclusive para os fins do disposto nos incisos I e III do art. 5º da Lei Complementar n. 75, de 20 de maio de 1993. (Redação dada pela Lei n. 10.672, de 2003)

§ 3º Poderão ser incluídas no Sistema Brasileiro de Desporto as pessoas jurídicas que desenvolvam práticas não-formais, promovam a cultura e as ciências do desporto e formem e aprimorem especialistas.

Seção II

Do Instituto Nacional do Desenvolvimento do Desporto – INDESP

Art. 5º O Instituto Nacional do Desenvolvimento do Desporto – INDESP é uma autarquia federal com a finalidade de promover, desenvolver a prática do desporto e exercer outras competências específicas que lhe são atribuídas nesta Lei.

§ 1º (Revogado pela Lei n. 10.672, de 15.5.2003)

§ 2º (Revogado pela Lei n. 10.672, de 15.5.2003)

§ 3º Caberá ao INDESP, ouvido o Conselho de Desenvolvimento do Desporto Brasileiro – CDDB, propor o Plano Nacional de Desporto, observado o disposto no art. 217 da Constituição Federal.

§ 4º O INDESP expedirá instruções e desenvolverá ações para o cumprimento do disposto no inciso IV do art. 217 da Constituição Federal e elaborará o projeto de fomento da prática desportiva para pessoas portadoras de deficiência.

Art. 6º Constituem recursos do Ministério do Esporte: (Redação dada pela Lei n. 10.672, de 2003)

I – receitas oriundas de concursos de prognósticos previstos em lei;

II – adicional de quatro e meio por cento incidente sobre cada bilhete, permitido o arredondamento do seu valor feito nos concursos de prognósticos a que se refere o Decreto-Lei n. 594, de 27 de maio de 1969, e a Lei n. 6.717, de 12 de novembro de 1979, destinado ao cumprimento do disposto no art. 7º;

III – doações, legados e patrocínios;

IV – prêmios de concursos de prognósticos da Loteria Esportiva Federal, não reclamados;

V – outras fontes.

§ 1º O valor do adicional previsto no inciso II deste artigo não será computado no montante da arrecadação das apostas para fins de cálculo de prêmios, rateios, tributos de qualquer natureza ou taxas de administração.

§ 2º Do adicional de quatro e meio por cento de que trata o inciso II deste artigo, um terço será repassado às Secretarias de Esportes dos Estados e do Distrito Federal, ou, na inexistência destas, a órgãos que tenham atribuições semelhantes na área do desporto, proporcionalmente ao montante das apostas efetuadas em cada unidade da Federação para aplicação segundo o disposto no art. 7º.

§ 3º Do montante arrecadado nos termos do § 2º, cinqüenta por cento caberão às Secretarias Estaduais e/ou aos órgãos que as substituam, e cinqüenta por cento serão divididos entre os Municípios de cada Estado, na proporção de sua população.

§ 4º Trimestralmente, a Caixa Econômica Federal CEF apresentará balancete ao INDESP, com o resultado da receita proveniente do adicional mencionado neste artigo.

Art. 7º Os recursos do Ministério do Esporte terão a seguinte destinação: (Redação dada pela Lei n. 10.672, de 2003)

I – desporto educacional;

II – desporto de rendimento, nos casos de participação de entidades nacionais de administração do desporto em competições internacionais, bem como as competições brasileiras dos desportos de criação nacional;

III – desporto de criação nacional;

IV – capacitação de recursos humanos:

a) cientistas desportivos;

b) professores de educação física; e

c) técnicos de desporto;

V – apoio a projeto de pesquisa, documentação e informação;

VI – construção, ampliação e recuperação de instalações esportivas;

VII – apoio supletivo ao sistema de assistência ao atleta profissional com a finalidade de promover sua adaptação ao mercado de trabalho quando deixar a atividade;

VIII – apoio ao desporto para pessoas portadoras de deficiência.

Art. 8º A arrecadação obtida em cada teste da Loteria Esportiva terá a seguinte destinação:

I – quarenta e cinco por cento para pagamento dos prêmios, incluindo o valor correspondente ao imposto sobre a renda;

II – vinte por cento para a Caixa Econômica Federal – CEF, destinados ao custeio total da administração dos recursos e prognósticos desportivos;

III – dez por cento para pagamento, em parcelas iguais, às entidades de práticas desportivas constantes do teste, pelo uso de suas denominações, marcas e símbolos;

IV – quinze por cento para o Ministério do Esporte. (Redação dada pela Lei n. 10.672, de 2003)

Parágrafo único. Os dez por cento restantes do total da arrecadação serão destinados à seguridade social.

Art. 9º Anualmente, a renda líquida total de um dos testes da Loteria Esportiva Federal será destinada ao Comitê Olímpico Brasileiro – COB, para treinamento e competições preparatórias das equipes olímpicas nacionais.

§ 1º Nos anos de realização dos Jogos Olímpicos e dos Jogos Pan-Americanos, a renda líquida de um segundo teste da Loteria Esportiva Federal será destinada ao Comitê Olímpico Brasileiro – COB, para o atendimento da participação de delegações nacionais nesses eventos.

§ 2º Ao Comitê Paraolímpico Brasileiro serão concedidas as rendas líquidas de testes da Loteria Esportiva Federal nas mesmas condições estabelecidas neste artigo para o Comitê Olímpico Brasileiro – COB.

Art. 10. Os recursos financeiros correspondentes às destinações previstas no inciso III do art. 8º e no art. 9º, constituem receitas próprias dos beneficiários que lhes serão entregues diretamente pela Caixa Econômica Federal – CEF, até o décimo dia útil do mês subseqüente ao da ocorrência do fato gerador.

§ 1º O direito da entidade de prática desportiva de resgatar os recursos de que trata o inciso III do art. 8º desta Lei decai em 90 (noventa) dias, a contar da data de sua disponibilização pela Caixa Econômica Federal – CEF. (Incluído pela Lei n. 11.118, de 2005)

§ 2º Os recursos que não forem resgatados no prazo estipulado no § 1º deste artigo serão repassados ao Ministério do Esporte para aplicação em programas referentes à política nacional de incentivo e desenvolvimento da prática desportiva. (Incluído pela Lei n. 11.118, de 2005)

Seção III

Do Conselho de Desenvolvimento do Desporto Brasileiro – CDDB

Art. 11. O CNE é órgão colegiado de normatização, deliberação e assessoramento, diretamente vinculado ao Ministro de Estado do Esporte, cabendo-lhe: (Redação dada pela Lei n. 10.672, de 2003)

I – zelar pela aplicação dos princípios e preceitos desta Lei;

II – oferecer subsídios técnicos à elaboração do Plano Nacional do Desporto;

III – emitir pareceres e recomendações sobre questões desportivas nacionais;

IV – propor prioridades para o plano de aplicação de recursos do Ministério do Esporte; (Redação dada pela Lei n. 10.672, de 2003)

V – exercer outras atribuições previstas na legislação em vigor, relativas a questões de natureza desportiva; (Redação dada pela Lei n. 9.981, de 2000)

VI – aprovar os Códigos de Justiça Desportiva e suas alterações; (Redação dada pela Lei n. 9.981, de 2000)

VII – expedir diretrizes para o controle de substâncias e métodos proibidos na prática desportiva. (Redação dada pela Lei n. 9.981, de 2000)

Parágrafo único. O Ministério do Esporte dará apoio técnico e administrativo ao CNE. (Redação dada pela Lei n. 10.672, de 2003)

Art. 12. (VETADO)

Art. 12-A. O CNE será composto por vinte e dois membros indicados pelo Ministro do Esporte, que o presidirá. (Redação dada pela Lei n. 10.672, de 2003)

Parágrafo único. Os membros do Conselho e seus suplentes serão indicados na forma da regulamentação desta Lei, para um mandato de dois anos, permitida uma recondução. (Incluído pela Lei n. 9.981, de 2000)

Seção IV

Do Sistema Nacional do Desporto

Art. 13. O Sistema Nacional do Desporto tem por finalidade promover e aprimorar as práticas desportivas de rendimento.

Parágrafo único. O Sistema Nacional do Desporto congrega as pessoas físicas e jurídicas de direito privado, com ou sem fins lucrativos, encarregadas da coordenação, administração, normalização, apoio e prática do desporto, bem como as incumbidas da Justiça Desportiva e, especialmente:

I – o Comitê Olímpico Brasileiro – COB;

II – o Comitê Paraolímpico Brasileiro;

III – as entidades nacionais de administração do desporto;

IV – as entidades regionais de administração do desporto;

V – as ligas regionais e nacionais;

VI – as entidades de prática desportiva filiadas ou não àquelas referidas nos incisos anteriores.

Art. 14. O Comitê Olímpico Brasileiro – COB e o Comitê Paraolímpico Brasileiro, e as entidades nacionais de administração do desporto que lhes são filiadas ou vinculadas, constituem subsistema específico do Sistema Nacional do Desporto, ao qual se aplicará a prioridade prevista no inciso II do art. 217 da Constituição Federal, desde que seus estatutos obedeçam integralmente à Constituição Federal e às leis vigentes no País.

Art. 15. Ao Comitê Olímpico Brasileiro – COB, entidade jurídica de direito privado, compete representar o País nos eventos olímpicos, pan-americanos e outros de igual natureza, no Comitê Olímpico Internacional e nos movimentos olímpicos internacionais, e fomentar o movimento olímpico no território nacional, em conformidade com as disposições da Constituição Federal, bem como com as disposições estatutárias e regulamentares do Comitê Olímpico Internacional e da Carta Olímpica.

§ 1º Caberá ao Comitê Olímpico Brasileiro – COB representar o olimpismo brasileiro junto aos poderes públicos.

§ 2º É privativo do Comitê Olímpico Brasileiro – COB e do Comitê Paraolímpico Brasileiro – CPOB o uso das bandeiras, lemas, hinos e símbolos olímpicos e paraolímpicos, assim como das denominações "jogos olímpicos", "olimpíadas", "jogos paraolímpicos" e "paraolimpíadas", permitida a utilização destas últimas quando se tratar de eventos vinculados ao desporto educacional e de participação. (Redação dada pela Lei n. 9.981, de 2000)

§ 3º Ao Comitê Olímpico Brasileiro – COB são concedidos os direitos e benefícios conferidos em lei às entidades nacionais de administração do desporto.

§ 4º São vedados o registro e uso para qualquer fim de sinal que integre o símbolo olímpico ou que o contenha, bem como do hino e dos lemas olímpicos, exceto mediante prévia autorização do Comitê Olímpico Brasileiro – COB.

§ 5º Aplicam-se ao Comitê Paraolímpico Brasileiro, no que couber, as disposições previstas neste artigo.

Art. 16. As entidades de prática desportiva e as entidades nacionais de administração do desporto, bem como as ligas de que trata o art. 20, são pessoas jurídicas de direito privado, com organização e funcionamento autônomo, e terão as competências definidas em seus estatutos.

§ 1º As entidades nacionais de administração do desporto poderão filiar, nos termos de seus estatutos, entidades regionais de administração e entidades de prática desportiva.

§ 2º As ligas poderão, a seu critério, filiar-se ou vincular-se a entidades nacionais de administração do desporto, vedado a estas, sob qualquer pretexto, exigir tal filiação ou vinculação.

§ 3º É facultada a filiação direta de atletas nos termos previstos nos estatutos das respectivas entidades de administração do desporto.

Art. 17. (VETADO)

Art. 18. Somente serão beneficiadas com isenções fiscais e repasses de recursos públicos federais da administração direta e indireta, nos termos do inciso II do art. 217 da Constituição Federal, as entidades do Sistema Nacional do Desporto que:

I – possuírem viabilidade e autonomia financeiras;

II – apresentarem manifestação favorável do Comitê Olímpico Brasileiro – COB ou do Comitê Paraolímpico Brasileiro, nos casos de suas filiadas e vinculadas;

III – atendam aos demais requisitos estabelecidos em lei;

IV – estiverem quites com suas obrigações fiscais e trabalhistas.

Parágrafo único. A verificação do cumprimento das exigências contidas nos incisos I a IV deste artigo será de responsabilidade do INDESP. (Redação dada pela Lei n. 9.981, de 2000)

Art. 19. (VETADO)

Art. 20. As entidades de prática desportiva participantes de competições do Sistema Nacional do Desporto poderão organizar ligas regionais ou nacionais.

§ 1º (VETADO)

§ 2º As entidades de prática desportiva que organizarem ligas, na forma do *caput* deste artigo, comunicarão a criação destas às entidades nacionais de administração do desporto das respectivas modalidades.

§ 3º As ligas integrarão os sistemas das entidades nacionais de administração do desporto que incluírem suas competições nos respectivos calendários anuais de eventos oficiais.

§ 4º Na hipótese prevista no *caput* deste artigo, é facultado às entidades de prática desportiva participarem, também, de campeonatos nas entidades de administração do desporto a que estiverem filiadas.

§ 5º É vedada qualquer intervenção das entidades de administração do desporto nas ligas que se mantiverem independentes.

§ 6º As ligas formadas por entidades de prática desportiva envolvidas em competições de atletas profissionais equiparam-se, para fins do cumprimento do disposto nesta Lei, às entidades de administração do desporto. (Incluído pela Lei n. 10.672, de 2003)

§ 7º As entidades nacionais de administração de desporto serão responsáveis pela organização dos calendários anuais de eventos oficiais das respectivas modalidades. (Incluído pela Lei n. 10.672, de 2003)

Art. 21. As entidades de prática desportiva poderão filiar-se, em cada modalidade, à entidade de administração do desporto do Sistema Nacional do Desporto, bem como à correspondente entidade de administração do desporto de um dos sistemas regionais.

Art. 22. Os processos eleitorais assegurarão:

I – colégio eleitoral constituído de todos os filiados no gozo de seus direitos, admitida a diferenciação de valor dos seus votos;

II – defesa prévia, em caso de impugnação, do direito de participar da eleição;

III – eleição convocada mediante edital publicado em órgão da imprensa de grande circulação, por três vezes;

IV – sistema de recolhimento dos votos imune a fraude;

V – acompanhamento da apuração pelos candidatos e meios de comunicação.

Parágrafo único. Na hipótese da adoção de critério diferenciado de valoração dos votos, este não poderá exceder à proporção de um para seis entre o de menor e o de maior valor.

Art. 23. Os estatutos das entidades de administração do desporto, elaborados de conformidade com esta Lei, deverão obrigatoriamente regulamentar, no mínimo:

I - instituição do Tribunal de Justiça Desportiva, nos termos desta Lei;

II - inelegibilidade de seus dirigentes para desempenho de cargos e funções eletivas ou de livre nomeação de:

a) condenados por crime doloso em sentença definitiva;

b) inadimplentes na prestação de contas de recursos públicos em decisão administrativa definitiva;

c) inadimplentes na prestação de contas da própria entidade;

d) afastados de cargos eletivos ou de confiança de entidade desportiva ou em virtude de gestão patrimonial ou financeira irregular ou temerária da entidade;

e) inadimplentes das contribuições previdenciárias e trabalhistas;

f) falidos.

Parágrafo único. Independentemente de previsão estatutária é obrigatório o afastamento preventivo e imediato dos dirigentes, eleitos ou nomeados, caso incorram em qualquer das hipóteses do inciso II, assegurado o processo regular e a ampla defesa para a destituição. (Incluído pela Lei n. 10.672, de 2003)

Art. 24. As prestações de contas anuais de todas as entidades de administração integrantes do Sistema Nacional do Desporto serão obrigatoriamente submetidas, com parecer dos Conselhos Fiscais, às respectivas assembléias-gerais, para a aprovação final.

Parágrafo único. Todos os integrantes das assembléias-gerais terão acesso irrestrito aos documentos, informações e comprovantes de despesas de contas de que trata este artigo.

Seção V

Dos Sistemas dos Estados, Distrito Federal e Municípios

Art. 25. Os Estados e o Distrito Federal constituirão seus próprios sistemas, respeitadas as normas estabelecidas nesta Lei e a observância do processo eleitoral.

Parágrafo único. Aos Municípios é facultado constituir sistemas próprios, observadas as disposições desta Lei e as contidas na legislação do respectivo Estado.

CAPÍTULO V

DA PRÁTICA DESPORTIVA PROFISSIONAL

Art. 26. Atletas e entidades de prática desportiva são livres para organizar a atividade profissional, qualquer que seja sua modalidade, respeitados os termos desta Lei.

Parágrafo único. Considera-se competição profissional para os efeitos desta Lei aquela promovida para obter renda e disputada por atletas profissionais cuja remuneração decorra de contrato de trabalho desportivo. (Incluído pela Lei n. 10.672, de 2003)

Art. 27. As entidades de prática desportiva participantes de competições profissionais e as entidades de administração de desporto ou ligas em que se organizarem, independentemente da forma jurídica adotada, sujeitam os bens particulares de seus dirigentes ao disposto no art. 50 da Lei n. 10.406, de 10 de janeiro de 2002, além das sanções e responsabilidades previstas no *caput* do art. 1.017 da Lei n. 10.406, de 10 de janeiro de 2002, na hipótese de aplicarem créditos ou bens sociais da entidade desportiva em proveito próprio ou de terceiros. (Redação dada pela Lei n. 10.672, de 2003)

§ 1º (Revogado pela Lei n. 9.981, de 2000)

§ 2º A entidade a que se refere este artigo não poderá utilizar seus bens patrimoniais, desportivos ou sociais para integralizar sua parcela de capital ou oferecê-los como garantia, salvo com a concordância da maioria absoluta da assembléia-geral dos associados e na conformidade do respectivo estatuto. (Incluído pela Lei n. 9.981, de 2000)

§ 3º (Revogado pela Lei n. 10.672, de 2003)

§ 4º (Revogado pela Lei n. 10.672, de 2003)

§ 5º O disposto no art. 23 aplica-se, no que couber, às entidades a que se refere o *caput* deste artigo. (Incluído pela Lei n. 10.672, de 2003)

§ 6º Sem prejuízo de outros requisitos previstos em lei, as entidades de administração do desporto, as ligas e as entidades de prática desportiva, para obter financiamento com recursos públicos deverão: (Incluído pela Lei n. 10.672, de 2003)

I – realizar todos os atos necessários para permitir a identificação exata de sua situação financeira; (Incluído pela Lei n. 10.672, de 2003)

II – apresentar plano de resgate e plano de investimento; (Incluído pela Lei n. 10.672, de 2003)

III – garantir a independência de seus conselhos de fiscalização e administração, quando houver; (Incluído pela Lei n. 10.672, de 2003)

IV – adotar modelo profissional e transparente; e (Incluído pela Lei n. 10.672, de 2003)

V – elaborar e publicar suas demonstrações financeiras na forma definida pela Lei n. 6.404, de 15 de dezembro de 1976, após terem sido auditadas por auditores independentes. (Incluído pela Lei n. 10.672, de 2003)

§ 7º Os recursos do financiamento voltados à implementação do plano de resgate serão utilizados: (Incluído pela Lei n. 10.672, de 2003)

I – prioritariamente, para quitação de débitos fiscais, previdenciários e trabalhistas; e (Incluído pela Lei n. 10.672, de 2003)

II – subsidiariamente, para construção ou melhoria de estádio próprio ou de que se utilizam para mando de seus jogos, com a finalidade de atender a critérios de segurança, saúde e bem-estar do torcedor. (Incluído pela Lei n. 10.672, de 2003)

§ 8º Na hipótese do inciso II do § 7º, a entidade de prática desportiva deverá apresentar à instituição financiadora o orçamento das obras pretendidas. (Incluído pela Lei n. 10.672, de 2003)

§ 9º É facultado às entidades desportivas profissionais constituírem-se regularmente em sociedade empresária, segundo um dos tipos regulados nos arts. 1.039 a 1.092 da Lei n. 10.406, de 10 de janeiro de 2002 – Código Civil. (Incluído pela Lei n. 10.672, de 2003)

§ 10. Considera-se entidade desportiva profissional, para fins desta Lei, as entidades de prática desportiva envolvidas em competições de atletas profissionais, as ligas em que se organizarem e as entidades de administração de desporto profissional. (Incluído pela Lei n. 10.672, de 2003)

§ 11. Apenas as entidades desportivas profissionais que se constituírem regularmente em sociedade empresária na forma do § 9º não ficam sujeitas ao regime da sociedade em comum e, em especial, ao disposto no art. 990 da Lei n. 10.406, de 10 de janeiro de 2002 – Código Civil. (Incluído pela Lei n. 10.672, de 2003)

§ 12. (VETADO)

§ 13. Para os fins de fiscalização e controle do disposto nesta Lei, as atividades profissionais das entidades de prática desportiva, das entidades de administração de desporto e das ligas desportivas, independentemente da forma jurídica como estas estejam constituídas, equiparam-se às das sociedades empresárias, notadamente para efeitos tributários, fiscais, previdenciários, financeiros, contábeis e administrativos. (Incluído pela Lei n. 10.672, de 2003)

Art. 27-A. Nenhuma pessoa física ou jurídica que, direta ou indiretamente, seja detentora de parcela do capital com direito a voto ou, de qualquer forma, participe da administração de qualquer entidade de prática desportiva poderá ter participação simultânea no capital social ou na gestão de outra entidade de prática desportiva disputante da mesma competição profissional. (Incluído pela Lei n. 9.981, de 2000)

§ 1º É vedado que duas ou mais entidades de prática desportiva disputem a mesma competição profissional das primeiras séries ou divisões das diversas modalidades desportivas quando: (Incluído pela Lei n. 9.981, de 2000)

a) uma mesma pessoa física ou jurídica, direta ou indiretamente, através de relação contratual, explore, controle ou administre direitos que integrem seus patrimônios; ou, (Incluído pela Lei n. 9.981, de 2000)

b) uma mesma pessoa física ou jurídica, direta ou indiretamente, seja detentora de parcela do capital com direito a voto ou, de qualquer forma, participe da administração de mais de uma sociedade ou associação que explore, controle ou administre direitos que integrem os seus patrimônios. (Incluído pela Lei n. 9.981, de 2000)

§ 2º A vedação de que trata este artigo aplica-se: (Incluído pela Lei n. 9.981, de 2000)

a) ao cônjuge e aos parentes até o segundo grau das pessoas físicas; e (Incluído pela Lei n. 9.981, de 2000)

b) às sociedades controladoras, controladas e coligadas das mencionadas pessoas jurídicas, bem como a fundo de investimento, condomínio de investidores ou outra forma assemelhada que resulte na participação concomitante vedada neste artigo. (Incluído pela Lei n. 9.981, de 2000)

§ 3º Excluem-se da vedação de que trata este artigo os contratos de administração e investimentos em estádios, ginásios e praças desportivas, de patrocínio, de licenciamento de uso de marcas e símbolos, de publicidade e de propaganda, desde que não importem na administração direta ou na co-gestão das atividades desportivas profissionais das entidades de prática desportiva, assim como os contratos individuais ou coletivos que sejam celebrados entre as detentoras de concessão, permissão ou autorização para exploração de serviços de radiodifusão sonora e de sons e imagens, bem como de televisão por assinatura, e entidades de prática desportiva para fins de transmissão de eventos desportivos. (Incluído pela Lei n. 9.981, de 2000)

§ 4º A infringência a este artigo implicará a inabilitação da entidade de prática desportiva para percepção dos benefícios de que trata o art. 18 desta Lei. (Redação dada pela Lei n. 10.672, de 2003)

§ 5º As empresas detentoras de concessão, permissão ou autorização para exploração de serviço de radiodifusão sonora e de sons e imagens, bem como de televisão por assinatura, ficam impedidas de patrocinar ou veicular sua própria marca, bem como a de seus canais e dos títulos de seus programas, nos uniformes de competições das entidades desportivas. (Redação dada pela Lei n. 10.672, de 2003)

§ 6º A violação do disposto no § 5º implicará a eliminação da entidade de prática desportiva que lhe deu causa da competição ou do torneio em que aquela se verificou, sem prejuízo das penalidades que venham a ser aplicadas pela Justiça Desportiva. (Incluído pela Lei n. 10.672, de 2003)

Art. 28. A atividade do atleta profissional, de todas as modalidades desportivas, é caracterizada por remuneração pactuada em contrato formal de trabalho firmado com entidade de prática desportiva, pessoa jurídica de direito privado, que deverá conter, obrigatoriamente, cláusula penal para as hipóteses de descumprimento, rompimento ou rescisão unilateral.

§ 1º Aplicam-se ao atleta profissional as normas gerais da legislação trabalhista e da seguridade social, ressalvadas as peculiaridades expressas nesta Lei ou integrantes do respectivo contrato de trabalho.

§ 2º O vínculo desportivo do atleta com a entidade desportiva contratante tem natureza acessória ao respectivo vínculo trabalhista, dissolvendo-se, para todos os efeitos legais: (Redação dada pela Lei n. 10.672, de 2003)

I – com o término da vigência do contrato de trabalho desportivo; ou (Redação dada pela Lei n. 10.672, de 2003)

II – com o pagamento da cláusula penal nos termos do caput deste artigo; ou ainda (Redação dada pela Lei n. 10.672, de 2003)

III – com a rescisão decorrente do inadimplemento salarial de responsabilidade da entidade desportiva empregadora prevista nesta Lei. (Redação dada pela Lei n. 10.672, de 2003)

§ 3º O valor da cláusula penal a que se refere o *caput* deste artigo será livremente estabelecido pelos contratantes até o limite máximo de cem vezes o montante da remuneração anual pactuada. (Incluído pela Lei n. 9.981, de 2000)

§ 4º Far-se-á redução automática do valor da cláusula penal prevista no *caput* deste artigo, aplicando-se, para cada ano integralizado do vigente contrato de trabalho desportivo, os seguintes percentuais progressivos e não-cumulativos: (Redação dada pela Lei n. 10.672, de 2003)

I – dez por cento após o primeiro ano; (Redação dada pela Lei n. 10.672, de 2003)

II – vinte por cento após o segundo ano; (Redação dada pela Lei n. 10.672, de 2003)

III – quarenta por cento após o terceiro ano; (Redação dada pela Lei n. 10.672, de 2003)

IV – oitenta por cento após o quarto ano. (Redação dada pela Lei n. 10.672, de 2003)

§ 5º Quando se tratar de transferência internacional, a cláusula penal não será objeto de qualquer limitação, desde que esteja expresso no respectivo contrato de trabalho desportivo. (Incluído pela Lei n. 9.981, de 2000)

§ 6º (Revogado pela Lei n. 10.672, de 2003)

§ 7º É vedada a outorga de poderes mediante instrumento procuratório público ou particular relacionados a vínculo desportivo e uso de imagem de atletas profissionais em prazo superior a um ano. (Incluído pela Lei n. 10.672, de 2003)

Art. 29. A entidade de prática desportiva formadora do atleta terá o direito de assinar com esse, a partir de dezesseis anos de idade, o primeiro contrato de trabalho profissional, cujo prazo não poderá ser superior a cinco anos. (Redação dada pela Lei n. 10.672, de 2003)

Parágrafo único. (VETADO)

§ 2º Para os efeitos do *caput* deste artigo, exige-se da entidade de prática desportiva formadora que comprove estar o atleta por ela registrado como não-profissional há, pelo menos, dois anos, sendo facultada a cessão deste direito a entidade de prática desportiva, de forma remunerada. (Incluído pela Lei n. 9.981, de 2000)

§ 3º A entidade de prática desportiva formadora detentora do primeiro contrato de trabalho com o atleta por ela profissionalizado terá o direito de preferência para a primeira renovação deste contrato, cujo prazo não poderá ser superior a dois anos. (Redação dada pela Lei n. 10.672, de 2003)

§ 4º O atleta não profissional em formação, maior de quatorze e menor de vinte anos de idade, poderá receber auxílio financeiro da entidade de prática desportiva formadora, sob a forma de bolsa de aprendizagem livremente pactuada mediante contrato formal, sem que seja gerado vínculo empregatício entre as partes. (Incluído pela Lei n. 10.672, de 2003)

§ 5º É assegurado o direito ao ressarcimento dos custos de formação de atleta não profissional menor de vinte anos de idade à entidade de prática de desporto formadora sempre que, sem a expressa anuência dessa, aquele participar de competição desportiva representando outra entidade de prática desportiva. (Incluído pela Lei n. 10.672, de 2003)

§ 6º Os custos de formação serão ressarcidos pela entidade de prática desportiva usufruidora de atleta por ela não formado pelos seguintes valores: (Incluído pela Lei n. 10.672, de 2003)

I – quinze vezes o valor anual da bolsa de aprendizagem comprovadamente paga na hipótese de o atleta não profissional ser maior de dezesseis e menor de dezessete anos de idade; (Incluído pela Lei n. 10.672, de 2003)

II – vinte vezes o valor anual da bolsa de aprendizagem comprovadamente paga na hipótese de o atleta não profissional ser maior de dezessete e menor de dezoito anos de idade; (Incluído pela Lei n. 10.672, de 2003)

III – vinte e cinco vezes o valor anual da bolsa de aprendizagem comprovadamente paga na hipótese de o atleta não profissional ser maior de dezoito e menor de dezenove anos de idade; (Incluído pela Lei n. 10.672, de 2003)

IV – trinta vezes o valor anual da bolsa de aprendizagem comprovadamente paga na hipótese de o atleta não profissional ser maior de dezenove e menor de vinte anos de idade. (Incluído pela Lei n. 10.672, de 2003)

§ 7º A entidade de prática desportiva formadora para fazer jus ao ressarcimento previsto neste artigo deverá preencher os seguintes requisitos: (Incluído pela Lei n. 10.672, de 2003)

I – cumprir a exigência constante do § 2º deste artigo; (Incluído pela Lei n. 10.672, de 2003)

II – comprovar que efetivamente utilizou o atleta em formação em competições oficiais não profissionais; (Incluído pela Lei n. 10.672, de 2003)

III – propiciar assistência médica, odontológica e psicológica, bem como contratação de seguro de vida e ajuda de custo para transporte; (Incluído pela Lei n. 10.672, de 2003)

IV – manter instalações desportivas adequadas, sobretudo em matéria de alimentação, higiene, segurança e salubridade, além de corpo de profissionais especializados em formação técnico-desportiva; (Incluído pela Lei n. 10.672, de 2003)

V – ajustar o tempo destinado à formação dos atletas aos horários do currículo escolar ou de curso profissionalizante, exigindo o satisfatório aproveitamento escolar. (Incluído pela Lei n. 10.672, de 2003)

Art. 30. O contrato de trabalho do atleta profissional terá prazo determinado, com vigência nunca inferior a três meses nem superior a cinco anos. (Redação dada pela Lei n. 9.981, de 2000)

Parágrafo único. Não se aplica ao contrato de trabalho do atleta profissional o disposto no art. 445 da Consolidação das Leis do Trabalho – CLT. (Incluído pela Lei n. 9.981, de 2000)

Art. 31. A entidade de prática desportiva empregadora que estiver com pagamento de salário de atleta profissional em atraso, no todo ou em parte, por período igual ou superior a três meses, terá o contrato de trabalho daquele atleta rescindido, ficando o atleta livre para se transferir para qualquer outra agremiação de mesma modalidade, nacional ou internacional, e exigir a multa rescisória e os haveres devidos.

§ 1º São entendidos como salário, para efeitos do previsto no *caput*, o abono de férias, o décimo terceiro salário, as gratificações, os prêmios e demais verbas inclusas no contrato de trabalho.

§ 2º A mora contumaz será considerada também pelo não recolhimento do FGTS e das contribuições previdenciárias.

§ 3º Sempre que a rescisão se operar pela aplicação do disposto no *caput* deste artigo, a multa rescisória a favor do atleta será conhecida pela aplicação do disposto no art. 479 da CLT. (Redação dada pela Lei n. 10.672, de 2003)

§ 4º (Incluído e vetado pela Lei n. 10.672, de 2003)

Art. 32. É lícito ao atleta profissional recusar competir por entidade de prática desportiva quando seus salários, no todo ou em parte, estiverem atrasados em dois ou mais meses;

Art. 33. Cabe à entidade nacional de administração do desporto que registrar o contrato de trabalho profissional fornecer a condição de jogo para as entidades de prática desportiva, mediante a prova de notificação do pedido de rescisão unilateral firmado pelo atleta ou documento do empregador no mesmo sentido, desde que acompanhado da prova de pagamento da cláusula penal nos termos do art. 28 desta Lei. (Redação dada pela Lei n. 9.981, de 2000)

Art. 34. São deveres da entidade de prática desportiva empregadora, em especial: (Redação dada pela Lei n. 9.981, de 2000)

I – registrar o contrato de trabalho do atleta profissional na entidade de administração nacional da respectiva modalidade desportiva; (Incluído pela Lei n. 9.981, de 2000)

II – proporcionar aos atletas profissionais as condições necessárias à participação nas competições desportivas, treinos e outras atividades preparatórias ou instrumentais; (Incluído pela Lei n. 9.981, de 2000)

III – submeter os atletas profissionais aos exames médicos e clínicos necessários à prática desportiva. (Incluído pela Lei n. 9.981, de 2000)

Art. 35. São deveres do atleta profissional, em especial: (Redação dada pela Lei n. 9.981, de 2000)

I – participar dos jogos, treinos, estágios e outras sessões preparatórias de competições com a aplicação e dedicação correspondentes às suas condições psicofísicas e técnicas; (Incluído pela Lei n. 9.981, de 2000)

II – preservar as condições físicas que lhes permitam participar das competições desportivas, submetendo-se aos exames médicos e tratamentos clínicos necessários à prática desportiva; (Incluído pela Lei n. 9.981, de 2000)

III – exercitar a atividade desportiva profissional de acordo com as regras da respectiva modalidade desportiva e as normas que regem a disciplina e a ética desportivas. (Incluído pela Lei n. 9.981, de 2000)

Art. 36. (Revogado pela Lei n. 9.981, de 14.7.2000)

Art. 37. (Revogado pela Lei n. 9.981, de 14.7.2000)

Art. 38. Qualquer cessão ou transferência de atleta profissional ou não-profissional depende de sua formal e expressa anuência. (Redação dada pela Lei n. 9.981, de 2000)

Art. 39. A transferência do atleta profissional de uma entidade de prática desportiva para outra do mesmo gênero poderá ser temporária (contrato de empréstimo) e o novo contrato celebrado deverá ser por período igual ou menor que o anterior, ficando o atleta sujeito à cláusula de retorno à entidade de prática desportiva cedente, vigorando no retorno o antigo contrato, quando for o caso.

Art. 40. Na cessão ou transferência de atleta profissional para entidade de prática desportiva estrangeira observar-se-ão as instruções expedidas pela entidade nacional de título.

§ 1º As condições para transferência do atleta profissional para o exterior deverão integrar obrigatoriamente os contratos de trabalho entre o atleta e a entidade de prática desportiva brasileira que o contratou. (Renumerado do parágrafo único para § 1º pela Lei n. 10.672, de 2003)

§ 2º Se a entidade de prática desportiva cedente de atleta profissional para entidade de prática desportiva estrangeira tiver sido cessionária do atleta, no prazo inferior a doze meses, em transferência definitiva ou empréstimo, oneroso ou gratuito, para qualquer outra entidade de prática desportiva, será caracterizada como entidade repassadora, fazendo jus a vinte e cinco por cento do valor pactuado para a cessão ou transferência internacional, ficando a entidade formadora com direito de receber setenta e cinco por cento do valor pago pela entidade estrangeira, desde que a entidade formadora do atleta não tenha sido previamente indenizada. (Incluído pela Lei n. 10.672, de 2003)

Art. 41. A participação de atletas profissionais em seleções será estabelecida na forma como acordarem a entidade de administração convocante e a entidade de prática desportiva cedente.

§ 1º A entidade convocadora indenizará a cedente dos encargos previstos no contrato de trabalho, pelo período em que durar a convocação do atleta, sem prejuízo de eventuais ajustes celebrados entre este e a entidade convocadora.

§ 2º O período de convocação estender-se-á até a reintegração do atleta à entidade que o cedeu, apto a exercer sua atividade.

Art. 42. Às entidades de prática desportiva pertence o direito de negociar, autorizar e proibir a fixação, a transmissão ou retransmissão de imagem de espetáculo ou eventos desportivos de que participem.

§ 1º Salvo convenção em contrário, vinte por cento do preço total da autorização, como mínimo, será distribuído, em partes iguais, aos atletas profissionais participantes do espetáculo ou evento.

§ 2º O disposto neste artigo não se aplica a flagrantes de espetáculo ou evento desportivo para fins, exclusivamente, jornalísticos ou educativos, cuja duração, no conjunto, não exceda de três por cento do total do tempo previsto para o espetáculo.

§ 3º O espectador pagante, por qualquer meio, de espetáculo ou evento desportivo equipara-se, para todos os efeitos legais, ao consumidor, nos termos do art. 2º da Lei n. 8.078, de 11 de setembro de 1990.

Art. 43. É vedada a participação em competições desportivas profissionais de atletas não-profissionais com idade superior a vinte anos. (Redação dada pela Lei n. 9.981, de 2000)

Art. 44. É vedada a prática do profissionalismo, em qualquer modalidade, quando se tratar de:

I – desporto educacional, seja nos estabelecimentos escolares de 1º e 2º graus ou superiores;

II – desporto militar;

III – menores até a idade de dezesseis anos completos.

Art. 45. As entidades de prática desportiva são obrigadas a contratar seguro de acidentes de trabalho para atletas profissionais a ela vinculados, com o objetivo de cobrir os riscos a que eles estão sujeitos. (Redação dada pela Lei n. 9.981, de 2000)

Parágrafo único. A importância segurada deve garantir direito a uma indenização mínima correspondente ao valor total anual da remuneração ajustada no caso dos atletas profissionais. (Redação dada pela Lei n. 9.981, de 2000)

Art. 46. A presença de atleta de nacionalidade estrangeira, com visto temporário de trabalho previsto no inciso V do art. 13 da Lei n. 6.815, de 19 de agosto de 1980, como integrante da equipe de competição da entidade de prática desportiva, caracteriza para os termos desta Lei, a prática desportiva profissional, tornando obrigatório o enquadramento previsto no *caput* do art. 27.

§ 1º É vedada a participação de atleta de nacionalidade estrangeira como integrante de equipe de competição de entidade de prática desportiva nacional nos campeonatos oficiais, quando o visto de trabalho temporário expedido pelo Ministério do Trabalho recair no inciso III do art. 13 da Lei 6.815, de 19 de agosto de 1980.

§ 2º A entidade de administração do desporto será obrigada a exigir da entidade de prática desportiva o comprovante do visto de trabalho do atleta de nacionalidade estrangeira fornecido pelo Ministério do Trabalho, sob pena de cancelamento da inscrição desportiva.

Art. 46-A. As ligas desportivas, as entidades de administração de desporto e as de prática desportiva envolvidas em qualquer competição de atletas profissionais, independentemente da forma jurídica adotada, ficam obrigadas a: (Incluído pela Lei n. 10.672, de 2003)

I – elaborar e publicar, até o último dia útil do mês de abril, suas demonstrações financeiras na forma definida pela Lei n. 6.404, de 15 de dezembro de 1976, após terem sido auditadas por auditores independentes; (Incluído pela Lei n. 10.672, de 2003)

II – apresentar suas contas juntamente com os relatórios da auditoria de que trata o inciso I ao Conselho Nacional do Esporte - CNE, sempre que forem beneficiárias de recursos públicos, na forma do regulamento. (Incluído pela Lei n. 10.672, de 2003)

§ 1º Sem prejuízo da aplicação das penalidades previstas na legislação tributária, trabalhista, previdenciária, cambial, e das conseqüentes responsabilidades civil e penal, a infringência a este artigo implicará: (Incluído pela Lei n. 10.672, de 2003)

I – para as entidades de administração do desporto e ligas desportivas, a inelegibilidade, por dez anos, de seus dirigentes para o desempenho de cargos ou funções eletivas ou de livre nomeação, em quaisquer das entidades ou órgãos referidos no parágrafo único do art. 13 desta Lei; (Incluído pela Lei n. 10.672, de 2003)

II – para as entidades de prática desportiva, a inelegibilidade, por cinco anos, de seus dirigentes para cargos ou funções eletivas ou de livre nomeação em qualquer entidade ou empresa direta ou indiretamente vinculada às competições profissionais da respectiva modalidade desportiva. (Incluído pela Lei n. 10.672, de 2003)

§ 2º As entidades que violarem o disposto neste artigo ficam ainda sujeitas: (Incluído pela Lei n. 10.672, de 2003)

I – ao afastamento de seus dirigentes; e (Incluído pela Lei n. 10.672, de 2003)

II – à nulidade de todos os atos praticados por seus dirigentes em nome da entidade após a prática da infração. (Incluído pela Lei n. 10.672, de 2003)

§ 3º Os dirigentes de que trata o § 2º serão sempre: (Incluído pela Lei n. 10.672, de 2003)

I – o presidente da entidade, ou aquele que lhe faça as vezes; e (Incluído pela Lei n. 10.672, de 2003)

II – o dirigente que praticou a infração ainda que por omissão. (Incluído pela Lei n. 10.672, de 2003)

§ 4º (Incluído e vetado pela Lei n. 10.672, de 2003)

CAPÍTULO VI

DA ORDEM DESPORTIVA

Art. 47. No âmbito de suas atribuições, os Comitês Olímpico e Paraolímpico Brasileiros e as entidades nacionais de administração do desporto têm competência para decidir, de ofício ou quando lhes forem submetidas pelos seus filiados, as questões relativas ao cumprimento das normas e regras de prática desportiva.

Art. 48. Com o objetivo de manter a ordem desportiva, o respeito aos atos emanados de seus poderes internos, poderão ser aplicadas, pelas entidades de administração do desporto e de prática desportiva, as seguintes sanções:

I – advertência;

II – censura escrita;

III – multa;

IV – suspensão;

V – desfiliação ou desvinculação.

§ 1º A aplicação das sanções previstas neste artigo não prescinde do processo administrativo no qual sejam assegurados o contraditório e a ampla defesa.

§ 2º As penalidades de que tratam os incisos IV e V deste artigo somente poderão ser aplicadas após decisão definitiva da Justiça Desportiva.

CAPÍTULO VII

DA JUSTIÇA DESPORTIVA

Art. 49. A Justiça Desportiva a que se referem os §§ 1º e 2º do art. 217 da Constituição Federal e o art. 33 da Lei n. 8.028, de 12 de abril de 1990, regula-se pelas disposições deste Capítulo.

Art. 50. A organização, o funcionamento e as atribuições da Justiça Desportiva, limitadas ao processo e julgamento das infrações disciplinares e às competições desportivas, serão definidas em códigos desportivos, facultando-se às ligas constituir seus próprios órgãos judicantes desportivos, com atuação restrita às suas competições. (Redação dada pela Lei n. 10.672, de 2003)

§ 1º As transgressões relativas à disciplina e às competições desportivas sujeitam o infrator a:

I – advertência;

II – eliminação;

III – exclusão de campeonato ou torneio;

IV – indenização;

V – interdição de praça de desportos;

VI – multa;

VII – perda do mando do campo;

VIII – perda de pontos;

IX – perda de renda;

X – suspensão por partida;

XI – suspensão por prazo.

§ 2º As penas disciplinares não serão aplicadas aos menores de quatorze anos.

§ 3º As penas pecuniárias não serão aplicadas a atletas não-profissionais.

§ 4º Compete às entidades de administração do desporto promover o custeio do funcionamento dos órgãos da Justiça Desportiva que funcionem junto a si. (Incluído pela Lei n. 9.981, de 2000)

Art. 51. O disposto nesta Lei sobre Justiça Desportiva não se aplica aos Comitês Olímpico e Paraolímpico Brasileiros.

Art. 52. Os órgãos integrantes da Justiça Desportiva são autônomos e independentes das entidades de administração do desporto de cada sistema, compondo-se do Superior Tribunal de Justiça Desportiva, funcionando junto às entidades nacionais de administração do desporto; dos Tribunais de Justiça Desportiva, funcionando junto às entidades regionais da administração do desporto, e das Comissões Disciplinares, com competência para processar e julgar as questões previstas nos Códigos de Justiça Desportiva, sempre assegurados a ampla defesa e o contraditório. (Redação dada pela Lei n. 9.981, de 2000)

§ 1º Sem prejuízo do disposto neste artigo, as decisões finais dos Tribunais de Justiça Desportiva são impugnáveis nos termos gerais do direito, respeitados os pressupostos processuais estabelecidos nos §§ 1º e 2º do art. 217 da Constituição Federal.

§ 2º O recurso ao Poder Judiciário não prejudicará os efeitos desportivos validamente produzidos em conseqüência da decisão proferida pelos Tribunais de Justiça Desportiva.

Art. 53. Junto ao Superior Tribunal de Justiça Desportiva, para julgamento envolvendo competições interestaduais ou nacionais, e aos Tribunais de Justiça Desportiva, funcionarão tantas Comissões Disciplinares quantas se fizerem necessárias, compostas cada qual de cinco membros que não pertençam aos referidos órgãos judicantes e que por estes serão indicados. (Redação dada pela Lei n. 9.981, de 2000)

§ 1º (VETADO)

§ 2º A Comissão Disciplinar aplicará sanções em procedimento sumário, assegurados a ampla defesa e o contraditório.

§ 3º Das decisões da Comissão Disciplinar caberá recurso ao Tribunal de Justiça Desportiva e deste ao Superior Tribunal de Justiça Desportiva, nas hipóteses previstas nos respectivos Códigos de Justiça Desportiva. (Redação dada pela Lei n. 9.981, de 2000)

§ 4º O recurso ao qual se refere o parágrafo anterior será recebido e processado com efeito suspensivo quando a penalidade exceder de duas partidas consecutivas ou quinze dias.

Art. 54. O membro do Tribunal de Justiça Desportiva exerce função considerada de relevante interesse público e, sendo servidor público, terá abonadas suas faltas, computando-se como de efetivo exercício a participação nas respectivas sessões.

Art. 55. O Superior Tribunal de Justiça Desportiva e os Tribunais de Justiça Desportiva serão compostos por nove membros, sendo: (Redação dada pela Lei n. 9.981, de 2000)

I – dois indicados pela entidade de administração do desporto; (Redação dada pela Lei n. 9.981, de 2000)

II – dois indicados pelas entidades de prática desportiva que participem de competições oficiais da divisão principal; (Redação dada pela Lei n. 9.981, de 2000)

III – dois advogados com notório saber jurídico desportivo, indicados pela Ordem dos Advogados do Brasil; (Redação dada pela Lei n. 9.981, de 2000)

IV – um representante dos árbitros, por estes indicado; (Redação dada pela Lei n. 9.981, de 2000)

V – dois representantes dos atletas, por estes indicados. (Redação dada pela Lei n. 9.981, de 2000)

§ 1º (Revogado). (Redação dada pela Lei n. 9.981, de 2000)

§ 2º O mandato dos membros dos Tribunais de Justiça Desportiva terá duração máxima de quatro anos, permitida apenas uma recondução. (Redação dada pela Lei n. 9.981, de 2000)

§ 3º É vedado aos dirigentes desportivos das entidades de administração e das entidades de prática o exercício de cargo ou função na Justiça Desportiva, exceção feita aos membros dos conselhos deliberativos das entidades de prática desportiva. (Redação dada pela Lei n. 9.981, de 2000)

§ 4º Os membros dos Tribunais de Justiça Desportiva poderão ser bacharéis em Direito ou pessoas de notório saber jurídico, e de conduta ilibada. (Redação dada pela Lei n. 9.981, de 2000)

CAPÍTULO VIII

DOS RECURSOS PARA O DESPORTO

Art. 56. Os recursos necessários ao fomento das práticas desportivas formais e não-formais a que se refere o art. 217 da Constituição Federal serão assegurados em programas de trabalho específicos constantes dos orçamentos da União, dos Estados, do Distrito Federal e dos Municípios, além dos provenientes de:

I – fundos desportivos;

II – receitas oriundas de concursos de prognósticos;

III – doações, patrocínios e legados;

IV – prêmios de concursos de prognósticos da Loteria Esportiva Federal não reclamados nos prazos regulamentares;

V – incentivos fiscais previstos em lei;

VI – dois por cento da arrecadação bruta dos concursos de prognósticos e loterias federais e similares cuja realização estiver sujeita a autorização federal, deduzindo-se este valor do montante destinado aos prêmios. (Incluído pela Lai n. 10.264, de 2001)

VII – outras fontes. (Renumerado pela Lei n. 10.264, de 2001)

§ 1º Do total de recursos financeiros resultantes do percentual de que trata o inciso VI do *caput*, oitenta e cinco por cento serão destinados ao Comitê Olímpico Brasileiro e quinze por cento ao Comitê Paraolímpico Brasileiro, devendo ser observado, em ambos os casos, o conjunto de normas aplicáveis à celebração de convênios pela União. (Incluído pela Lei n. 10.264, de 2001)

§ 2º Dos totais de recursos correspondentes aos percentuais referidos no § 1º, dez por cento deverão ser investidos em desporto escolar e cinco por cento, em desporto universitário. (Incluído pela Lei n. 10.264, de 2001)

§ 3º Os recursos a que se refere o inciso VI do *caput*: (Incluído pela Lei n. 10.264, de 2001)

I – constituem receitas próprias dos beneficiários, que os receberão diretamente da Caixa Econômica Federal, no prazo de dez dias úteis a contar da data de ocorrência de cada sorteio; (Incluído pela Lei n. 10.264, de 2001)

II – serão exclusiva e integralmente aplicados em programas e projetos de fomento, desenvolvimento e manutenção do desporto, de formação de recursos humanos, de preparação técnica, manutenção e locomoção de atletas, bem como sua participação em eventos desportivos. (Incluído pela Lei n. 10.264, de 2001)

§ 4º Dos programas e projetos referidos no inciso II do § 3º será dada ciência aos Ministérios da Educação e do Esporte e Turismo. (Incluído pela Lei n. 10.264, de 2001)

§ 5º Cabe ao Tribunal de Contas da União fiscalizar a aplicação dos recursos repassados ao Comitê Olímpico Brasileiro e ao Comitê Paraolímpico Brasileiro em decorrência desta Lei. (Incluído pela Lei n. 10.264, de 2001)

Art. 57. Constituirão recursos para a assistência social e educacional aos atletas profissionais, ex-atletas e aos em formação, recolhidos diretamente para a Federação das Associações de Atletas Profissionais – FAAP: (Redação dada pela Lei n. 9.981, de 2000)

I – um por cento do contrato do atleta profissional pertencente ao Sistema Brasileiro do Desporto, devido e recolhido pela entidade contratante; (Redação dada pela Lei n. 9.981, de 2000)

II – um por cento do valor da cláusula penal, nos casos de transferências nacionais e internacionais, a ser pago pelo atleta; (Redação dada pela Lei n. 9.981, de 2000)

III – um por cento da arrecadação proveniente das competições organizadas pelas entidades nacionais de administração do desporto profissional; (Redação dada pela Lei n. 9.981, de 2000)

IV – penalidades disciplinares pecuniárias aplicadas aos atletas profissionais pelas entidades de prática desportiva, pelas de administração do desporto ou pelos órgãos da Justiça Desportiva. (Redação dada pela Lei n. 9.981, de 2000)

Art. 58. (VETADO)

CAPÍTULO IX

DO BINGO

Art. 59 ao 81. (Revogados, a partir de 31.12.2001, pela Lei n. 9.981, de 2000)

CAPÍTULO X

DISPOSIÇÕES GERAIS

Art. 82. Os dirigentes, unidades ou órgãos de entidades de administração do desporto, inscritas ou não no registro de comércio, não exercem função delegada pelo Poder Público, nem são consideradas autoridades públicas para os efeitos desta Lei.

Art. 83. As entidades desportivas internacionais com sede permanente ou temporária no País receberão dos poderes públicos o mesmo tratamento dispensado às entidades nacionais de administração do desporto.

Art. 84. Será considerado como efetivo exercício, para todos os efeitos legais, o período em que o atleta servidor público civil ou militar, da Administração Pública direta, indireta, autárquica ou fundacional, estiver convocado para integrar representação nacional em treinamento ou competição desportiva no País ou no exterior. (Redação dada pela Lei n. 9.981, de 2000)

§ 1º O período de convocação será definido pela entidade nacional da administração da respectiva modalidade desportiva, cabendo a esta ou aos Comitês Olímpico ou Paraolímpico Brasileiros fazer a devida comunicação e solicitar ao INDESP a competente liberação do afastamento do atleta ou dirigente. (Redação dada pela Lei n. 9.981, de 2000)

§ 2º O disposto neste artigo aplica-se, também, aos profissionais especializados e dirigentes, quando indispensáveis à composição da delegação.

Art. 84-A. Todos os jogos das seleções brasileiras de futebol, em competições oficiais, deverão ser exibidos, pelo menos, em uma rede nacional de televisão aberta, com transmissão ao vivo, inclusive para as cidades brasileiras nas quais os mesmos estejam sendo realizados. (Incluído pela Lei n. 9.981, de 2000)

Parágrafo único. As empresas de televisão de comum acordo, ou por rodízio, ou por arbitramento, resolverão como cumprir o disposto neste artigo, caso nenhuma delas se interesse pela transmissão. O órgão competente fará o arbitramento. (Incluído pela Lei n. 9.981, de 2000)

Art. 85. Os sistemas de ensino da União, dos Estados, do Distrito Federal e dos Municípios, bem como as instituições de ensino superior, definirão normas específicas para verificação do rendimento e o controle de freqüência dos estudantes que integrarem representação desportiva nacional, de forma a harmonizar a atividade desportiva com os interesses relacionados ao aproveitamento e à promoção escolar.

Art. 86. É instituído o Dia do Desporto, a ser comemorado no dia 23 de junho, Dia Mundial do Desporto Olímpico.

Art. 87. A denominação e os símbolos de entidade de administração do desporto ou prática desportiva, bem como o nome ou apelido desportivo do atleta profissional, são de propriedade exclusiva dos mesmos, contando com a proteção legal, válida para todo o território nacional, por tempo indeterminado, sem necessidade de registro ou averbação no órgão competente.

Parágrafo único. A garantia legal outorgada às entidades e aos atletas referidos neste artigo permite-lhes o uso comercial de sua denominação, símbolos, nomes e apelidos.

Art. 88. Os árbitros e auxiliares de arbitragem poderão constituir entidades nacionais e estaduais, por modalidade desportiva ou grupo de modalidades, objetivando o recrutamento, a formação e a prestação de serviços às entidades de administração do desporto.

Parágrafo único. Independentemente da constituição de sociedade ou entidades, os árbitros e seus auxiliares não terão qualquer vínculo empregatício com as entidades desportivas diretivas onde atuarem, e sua remuneração como autônomos exonera tais entidades de quaisquer outras responsabilidades trabalhistas, securitárias e previdenciárias.

Art. 89. Em campeonatos ou torneios regulares com mais de uma divisão, as entidades de administração do desporto determinarão em seus regulamentos o princípio do acesso e do descenso, observado sempre o critério técnico.

Art. 90. É vedado aos administradores e membros de conselho fiscal de entidade de prática desportiva o exercício de cargo ou função em entidade de administração do desporto.

Art. 90-A. (Incluído e vetado pela Lei n. 10.672, de 2003)

Art. 90-B. (Incluído e vetado pela Lei n. 10.672, de 2003)

CAPÍTULO XI

DISPOSIÇÕES TRANSITÓRIAS

Art. 91. Até a edição dos Códigos da Justiça dos Desportos Profissionais e Não-Profissionais continuam em vigor os atuais Códigos, com as alterações constantes desta Lei.

Art. 92. Os atuais atletas profissionais de futebol, de qualquer idade, que, na data de entrada em vigor desta Lei, estiverem com passe livre, permanecerão nesta situação, e a rescisão de seus contratos de trabalho dar-se-á nos termos dos arts. 479 e 480 da C.L.T.

Art. 93. O disposto no art. 28, § 2º, desta Lei somente produzirá efeitos jurídicos a partir de 26 de março de 2001, respeitados os direitos adquiridos decorrentes dos contratos de trabalho e vínculos desportivos de atletas profissionais pactuados com base na legislação anterior. (Redação dada pela Lei n. 9.981, de 2000)

Parágrafo único. (Incluído e vetado pela Lei n. 9.981, de 2000)

Art. 94. Os arts. 27, 27-A, 28, 29, 30, 39, 43, 45 e o § 1º do art. 41 desta Lei serão obrigatórios exclusivamente para atletas e entidades de prática profissional da modalidade de futebol. (Redação dada pela Lei n. 9.981, de 2000)

Parágrafo único. É facultado às demais modalidades desportivas adotar os preceitos constantes dos dispositivos referidos no *caput* deste artigo. (Incluído pela Lei n. 9.981, de 2000)

Art. 94-A. O Poder Executivo regulamentará o disposto nesta Lei, inclusive a distribuição dos recursos, gradação das multas e os procedimentos de sua aplicação. (Incluído pela Lei n. 9.981, de 2000)

Art. 95. Esta Lei entra em vigor na data de sua publicação.

Art. 96. São revogados, a partir da vigência do disposto no § 2º do art. 28 desta Lei, os incisos II e V e os §§ 1º e 3º do art. 3º, os arts. 4º, 6º, 11 e 13, o § 2º do art. 15, o parágrafo único do art. 16 e os arts. 23 e 26 da Lei n. 6.354, de 2 de setembro de 1976; são revogadas, a partir da data de publicação desta Lei, as Leis ns. 8.672, de 6 de julho de 1993, e 8.946, de 5 de dezembro de 1994.

Brasília, 24 de março de 1998;
177º da Independência e 110º da República.

FERNANDO HENRIQUE CARDOSO
Iris Rezende
Pedro Malan
Paulo Renato Souza
Paulo Paiva
Reinhold Stephanes
Edson Arantes do Nascimento

Anexo C

AS REGRAS DO JOGO

REGRA 01 – O CAMPO DO JOGO

Dimensões

- O campo de jogo será retangular. O comprimento da linha lateral deverá ser superior ao comprimento da linha de meta.
- Comprimento: mínimo 90 m e máximo 120 m.
- Largura: mínima 45 m e máxima 90 m.

Partidas Internacionais (medidas utilizadas no futebol brasileiro)

- Comprimento: mínimo 100 m e máximo 110 m.
- Largura: mínima 64 m e máxima 75 m.

Marcação do campo de jogo

- O campo de jogo será marcado com linhas. As ditas linhas pertencem às áreas que demarcam.
- As duas linhas de marcação mais compridas denominam-se linhas laterais. As duas mais curtas chamam-se linhas de meta.
- Todas as linhas terão uma largura de 12 cm como máximo.
- O campo do jogo estará dividido em duas metades por uma linha média.
- O centro do campo estará marcado com um ponto na metade a linha média, ao redor do qual se traçará um círculo com um raio de 9,15 m.

A área de meta

- A área de meta, situada em ambos os extremos do campo de jogo, será demarcada seguinte maneira:

- Serão traçadas duas linhas perpendiculares à linha de meta, a 5,5 m da parte interior de cada poste de meta. As ditas linhas se adentrarão 5,5 m no campo de jogo e se unirão com uma linha paralela à linha de meta. A área delimitada por essas linhas mais a linha de meta será à área e meta.

A área penal

- A área penal, situada em ambos os extremos do campo de jogo, será demarcada da seguinte maneira:
  - Serão traçadas duas linhas perpendiculares à linha de meta, a 16,5 m, da parte interior de cada poste de meta. Essas linhas adentrarão 16,5 m no campo de jogo e se unirão com uma linha paralela à linha de meta. A área delimitada por essas linhas e a linha de meta serão a área penal.
  - Em cada área penal será marcado um ponto penal a 11 m de distância do ponto médio da linha entre os postes e eqüidistante dos mesmos. No exterior de cada área penal se traçará, também, um semicírculo com um raio de 9,15 m desde cada ponto penal.

Bandeiras de canto

- Em cada canto será colocado um poste não pontiagudo com uma bandeirinha. A altura mínima do poste será de 1,5 m.
- Também se poderão colocar bandeirinhas em cada extremo da linha média, a uma distância mínima de 1 m do exterior da linha lateral.

A área de canto

- Se traçará um quadrante com um raio de 1 m desde cada bandeirinha de canto ao interior do campo de jogo.

As metas

- As metas serão colocadas no centro de cada linha de meta.
- Consistirão em dois postes verticais, eqüidistantes das bandeirinhas de canto e unidos na parte superior por uma barra horizontal (travessão).
- A distância entre os postes será de 7,32 m e a distância da borda inferior do travessão ao solo será de 2,44 m.
- Os potes e o travessão terão a mesma largura e espessura, com o máximo de 12 cm. As linhas e meta terão as mesmas dimensões que os postes e o travessão. Poderão ser colocadas redes fixadas nas metas e no solo atrás da meta, com a condição de que estejam presas de forma conveniente e não atrapalhem o goleiro.
- Os postes e o travessão deverão ser de cor branca.

Segurança

- Os postes deverão estar fixados firmemente no solo. Poderão ser utilizadas metas móveis somente no caso de que se cumpra essa exigência.

Decisões do International Football Association Board

1. Se o travessão se rompe ou sai do lugar, interrompe-se o jogo até que tenha sido reparado ou colocado em seu lugar. Se o travessão não puder ser reparado, a partida será suspensa. Não se permitirá o emprego de uma corda como substituta do travessão; se puder ser reparado, a partida reiniciará com a bola ao chão no lugar onde se encontrava quando se interrompeu o jogo.

2. Os postes e os travessões deverão ser de madeira, metal ou outro material aprovado. Podem ter forma quadrada, retangular, redonda ou elíptica e não deverão constituir nenhum perigo para os jogadores.
3. É proibido todo tipo de publicidade comercial – quer seja real ou virtual – no campo de jogo e nas instalações do mesmo (incluídas as redes e as áreas que as delimitam) desde o momento em que as equipes entram no campo de jogo até o momento em que saiam no meio do tempo e desde o momento em que voltam a entrar no campo até o término da partida. Em particular, proibe-se o uso de qualquer tipo de publicidade nas metas, redes, postes de canto e nas próprias bandeirinhas. Não se colocarão equipamentos estranhos ao jogo (câmeras, microfones, etc.) nos ditos materiais.
4. Está proíbida a reprodução real ou virtual de logotipos ou emblemas representativos da FIFA, Confederações, Associações Nacionais, Ligas, Clubes ou outros organismos no campo e jogo ou nas instalações do mesmo (incluídas as redes das metas e as áreas que delimitam) durante o tempo de jogo, tal como se estipula na decisão 3.
5. Poderá ser feita uma marcação fora do campo de jogo, a 9,15 m de quadrante de canto e perpendicular à linha de meta, para marcar a distância que deverá ser observada na execução de um tiro de canto.

REGRA 02 – A BOLA

Propriedades e medidas;

- será esférica;
- será de couro ou outro material adequado;
- terá uma circunferência não superior a 70 cm e não inferior a 68 cm;
- terá um peso não superior a 450 g e não inferior 410 g, no começo da partida;
- terá uma pressão equivalente a 0,6 – 1,1 atmosferas (600 – 1100 g/cm^2) ao nível do mar.

Substituição de uma bola defeituosa

- Se a bola estoura ou se danifica durante uma partida:
  - o jogo será interrompido;
  - o jogo se reiniciará por meio de bola ao chão, executada com uma nova bola no lugar onde a primeira bola se danificou.
- Se a bola estoura ou se danifica em um momento em que não está em jogo (tiro inicial, tiro de meta, tiro de canto, tiro livre, tiro penal ou arremesso lateral):
  - A partida se reiniciará conforme as regras;
  - A bola não poderá ser trocada durante a partida sem a autorização o árbitro.

REGRA 03 – O NÚMERO DE JOGADORES

Jogadores

- A partida será jogada por duas equipes formadas por um máximo de 11 jogadores cada uma, dos quais um jogará como goleiro. A partida não se iniciará se uma das equipes tiver menos de sete jogadores.

Competições oficiais

- Poderão ser utilizados como máximo três (03) substitutos em qualquer partida de uma competição oficial jogada sob os auspícios da FIFA, das Confederações ou das Associações Nacionais.

- O regulamento da competição deverá estipular quantos substitutos poderão ser designados, desde três (3) até um máximo de sete (7).

Outras partidas

Em outras partidas poderão se utilizar como máximo cinco (5) substitutos, sempre que:

- as equipes em questão cheguem a um acordo sobre o número máximo;
- o árbitro tenha sido informado antes do início da partida.

Caso o árbitro não tenha sido informado, ou não se tenha chegado a um acordo antes do início da partida, não se admitirão mais de três (3) substitutos.

Todas as partidas

- Em todas as partidas, os nomes dos substitutos deverão ser entregues ao árbitro antes do início da partida. Os substitutos que não tenham sido designados desta maneira não poderão participar da partida.

Procedimentos de substituição

Para substituir-se um jogador por um substituto deverão ser observadas as seguintes condições:

- o árbitro deverá ser informado da substituição proposta antes que esta seja efetuada;
- o substituto não poderá entrar em campo de jogo até que o jogador o qual substituirá tenha abandonado o campo de jogo e recebido o sinal do árbitro;
- o substituto entrará em campo de jogo unicamente pela linha central e durante uma interrupção o jogo;
- uma substituição ficará consumada quando o substituto entra em campo de jogo;
- a partir desse momento o substituto se converte em jogador, e o jogador ao qual substitui deixa de ser jogador;
- um jogador que tenha sido substituído não poderá participar mais da partida;
- todos os substitutos estão submetidos à autoridade e jurisdição do árbitro, sejam chamados ou não a participar do jogo.

Troca de goleiro

Qualquer dos jogadores poderá trocar de posição com o goleiro, sempre que:

- O árbitro tenha sido previamente informado.
- A troca se efetue durante uma interrupção do jogo.

Contravenções/Sanções

Se um substituto entra em campo de jogo sem a autorização do árbitro:

- o jogo será interrompido;
- o substituto receberá como sanção o cartão amarelo e a ordem para que saia do campo de jogo;
- o jogo se reiniciará mediante bola ao chão no mesmo lugar em que se encontrava quando o jogo foi interrompido;

Se um jogador trocar de posição com o goleiro sem a autorização prévia do árbitro:

- o árbitro permitirá que o jogo continue;
- os jogadores em questão serão sancionados com o cartão amarelo, imediatamente depois da próxima interrupção do jogo;

Para qualquer outra infração à regra:

- os jogadores serão sancionados com o cartão amarelo.

Reinício do jogo

Se o árbitro interrompe o jogo para aplicar uma advertência:

- A partida será reiniciada por meio de um tiro livre indireto executado por um jogador da equipe contrária e do lugar onde a bola se encontrava no momento em que o jogo foi interrompido.

Jogadores e substitutos expulsos

- Um jogador expulso antes do início do tiro inicial somente poderá ser substituído por um dos substitutos designados;
- Um substituto designado expulso antes do tiro inicial ou depois do começo da partia não poderá ser substituído.

Decisões do International F. A. Board

1. Sujeito às disposições básicas da Regra 3, o número mínimo de jogadores em uma equipe deixa-se a critério das Associações Nacionais. Não obstante, o Board estima que uma partida não deverá continuar se tiver menos de sete jogadores em uma das equipes.
2. O treinador poderá dar instruções táticas aos jogadores durante a partida. Ele e os demais componentes da comissão técnica deverão permanecer dentro dos limites da área técnica nos lugares onde exista um zona tal, e deverão comportar-se de maneira correta.

REGRA 04 – O EQUIPAMENTO DOS JOGADORES

Segurança

- Os jogadores não utilizarão nenhum equipamento nem levarão nenhum objeto que seja perigoso para eles mesmos ou para os demais jogadores (incluindo qualquer tipo de jóias).

Equipamento básico

O equipamento básico e um jogador será:

- um jérsei ou camiseta;
- calções - caso usem calções térmicos, estes deverão ter a cor principal dos calções do uniforme;
- meias;
- caneleiras;
- calçado.

Caneleira

- deverão estar abertas e cobertas completamente pelas meias;
- deverão ser de um material apropriado (borracha, plástico ou material similar);
- deverão proporcionar um grau razoável de proteção;

Goleiros

- cada goleiro vestirá cores que o diferenciem dos demais jogadores, do árbitro e dos árbitros assistentes.

Infrações/Sanções

No caso de qualquer infração à presente regra:

- não será necessário interromper o jogo;

- o árbitro ordenará ao jogador infrator que abandone o campo de jogo para que ponha em ordem seu equipamento;
- o jogador sairá do campo de jogo na próxima oportunidade em que a bola não esteja em jogo, a menos que o jogador então tenha posto em ordem seu equipamento;
- todo jogador que tenha que abandonar o campo de jogo para pôr em ordem seu equipamento não poderá retornar ao campo de jogo sem a autorização do árbitro;
- o árbitro se certificará de que o equipamento do jogador está em ordem antes de permitir que reingresse no campo de jogo;
- o jogador só poderá regressar ao campo de jogo quando a bola não estiver em jogo.

Um jogador que tenha sido obrigado a abandonar o campo de jogo por infração a esta regra, e que entra (ou reingressa) ao campo de jogo sem a autorização do árbitro, será advertido e receberá o cartão amarelo.

Reinício de jogo

Se o árbitro interromper o jogo para advertir o infrator:

- o jogo será reiniciado por meio de um tiro livre indireto executado por um jogador da equipe adversária do lugar onde a bola se encontrava quando o árbitro interrompeu a partida.

REGRA 05 – O ÁRBITRO

A autoridade do árbitro

- cada partida será controlada por um árbitro, que terá autoridade total para fazer cumprir as regras de jogo na partida para a qual tenha sido designado.

Poderes e deveres

O árbitro:

- fará cumprir as regras de jogo;
- controlará a partida em cooperação com os árbitros assistentes e, sempre que o caso o requeira, com o quarto árbitro;
- se assegurará e que as bolas utilizadas correspondam às exigências da Regra 2;
- se assegurará de que o equipamento dos jogadores cumpram às exigências da Regra 4;
- atuará como cronometrista e tomará nota dos incidentes na partida;
- interromperá, suspenderá ou finalizará a partida quando julgue oportuno, no caso de que se cometam infrações às regras de jogo;
- interromperá, suspenderá ou finalizará a partida por qualquer tipo de interferência externa;
- interromperá a partida se julgar que algum jogador tenha sofrido uma lesão grave e se encarregará de que o mesmo seja transportado para fora do campo de jogo;
- permitirá que o jogo continue até que a bola esteja fora de jogo, se julgar que um jogador está só levemente contundido;
- se assegurará de que todo jogador que sofra uma lesão com sangramento saia do campo de jogo. O jogador só poderá regressar depois do sinal do árbitro, que se certificará de que a ferida tenha deixado de sangrar;
- permitirá que o jogo continue se a equipe contra a qual se tenha cometido uma infração se beneficie de uma vantagem, sancionará a infração cometida inicialmente se a vantagem prevista não se concretiza nesse momento;
- castigará a falta mais grave quando um jogador comete mais de uma infração ao mesmo tempo;

- tomará medidas disciplinares contra jogadores que cometam faltas merecedoras de advertência ou expulsão. Não está obrigado a tomar as medidas imediatamente, porém deverá fazê-lo apenas logo que se interrompa o jogo;
- tomará medidas contra os funcionários oficiais das equipes que não se comportem de forma correta e poderá, se o julgar necessário, expulsá-los do campo de jogo e de seus arredores;
- atuará conforme as indicações de seus árbitros assistentes em relação a incidentes que não tenha podido observar;
- não permitirá que pessoas não autorizadas entrem no campo de jogo;
- reiniciará o jogo após uma interrupção;
- remeterá às autoridades competentes um informe da partida, com dados sobre todas as medidas disciplinares tomadas contra jogadores ou funcionários oficiais das equipes e sobre qualquer outro incidente que tenha ocorrido antes, durante e depois da partida.

Decisões do árbitro

- As decisões do árbitro sobre fatos em relação ao jogo são definitivas.
- O árbitro poderá mudar sua decisão unicamente se se der conta de que é incorreta, ou se o julga necessário, conforme uma indicação por parte de um árbitro assistente, sempre que não tenha reiniciado ainda o jogo.

Decisões do International F. A. Board

1. Um árbitro (ou no caso que proceda, um árbitro assistente ou um quarto árbitro) não será responsável por:
   - Qualquer tipo de lesão que sofra um jogador, funcionário oficial ou espectador.
   - Qualquer dano a todo tipo de propriedade.
   - Qualquer outra perda sofrida por um indivíduo, clube, companhia, associação ou entidade similar, a qual se deva ou possa dever-se a alguma decisão que tenha podido tomar conforme as regras de jogo ou com respeito ao procedimento normal requerido para celebrar, julgar e controlar uma partida.
   - Entre tais situações podem compreender-se:
   - uma decisão quanto às condições do campo de jogo, do recinto ou metereológicas que não permitam disputar a partida;
   - uma decisão de suspender definitivamente uma partida por qualquer razão;
   - uma decisão no que diz respeito ao estado dos acessórios e equipamentos utilizados durante uma partida, incluindo as traves de meta, o travessão, as bandeirinhas de córner e a bola;
   - uma decisão de suspender ou não suspender uma partida devido a interferências dos espectadores ou por qualquer problema na área dos espectadores;
   - uma decisão e interromper ou não o jogo para permitir que um jogador lesionado seja transportado para fora do campo de jogo para ser atendido;
   - uma decisão de solicitar ou insistir que um jogador lesionado seja retirado do campo de jogo para ser atendido;
   - uma decisão de permitir ou não a um jogador usar certa roupa ou equipamento;
   - uma decisão (na medida em que isso possa ser de sua responsabilidade) de permitir ou não a toda pessoa (incluindo funcionários das equipes e do estádio, pessoal e segurança, fotógrafos ou outros representantes dos meios e informação) estar presente nos arredores do campo de jogo;
   - qualquer outra decisão que possa tomar conforme as regras de jogo ou em conformidade com seus deveres e de acordo com o estipulado pelas normas da FIFA, Confederação, Associação ou Liga sob cuja jurisdição se dispute a partida.

2. Em torneios ou competições em que tenha sido designado um quarto árbitro, as tarefas e os deveres deste deverão ser conforme as diretivas aprovadas pela International F. A. Board.
3. Os fatos relacionados com o jogo compreenderão se um gol tenha sido ou não consignado e o resultado da partida.

REGRA 06 – OS ÁRBITROS ASSISTENTES

Deveres

Serão designados dois (02) árbitros assistentes que terão, sem prejuízo do que decida o árbitro, a missão de indicar:

- se a bola tenha ultrapassado em sua totalidade os limites de campo;
- a que equipe corresponde efetuar os tiros de canto, de meta ou o arremesso lateral;
- quando se deverá sancionar um jogador por ele estar em posição de impedimento;
- quando se solicita uma substituição quando ocorre alguma falta ou outro incidente fora do campo visual do árbitro;

Assistência

- os árbitros assistentes ajudarão igualmente o árbitro a dirigir o jogo conforme as regras.
- em caso de intervenção indevida ou conduta incorreta de um árbitro assistente, o árbitro prescindirá de seus serviços e elaborará um informe para as autoridades pertinentes.

REGRA 07 – A DURAÇÃO DA PARTIDA

Tempo de jogo

- A partida durará dois tempos iguais de 45 minutos cada um, salvo que por mútuo acordo entre o árbitro e as duas equipes participantes decidam outra coisa. Todo acordo de alterar o tempo de jogo (por exemplo, reduzir cada tempo a 40 minutos devido à insuficiência de luz) deverá ser tomado antes do início da partida e em conformidade com o regulamento da competição.

Intervalo do meio tempo

- Os jogadores têm direito a um intervalo no meio do tempo.
- O descanso do meio tempo não deverá exceder de 15 minutos.
- O regulamento da competição deverá estipular claramente a duração do descanso do meio tempo.
- A duração do descanso do meio tempo poderá alterar-se unicamente com consentimento do árbitro.

Recuperação do tempo perdido

- Cada período deverá prolongar-se para recuperar todo o tempo perdido por:
  - substituições;
  - avaliação da lesão de jogadores;
  - transporte do jogadores lesionados para fora do campo de jogo para serem atendidos;
  - perda de tempo;
  - qualquer outro motivo;
  - A recuperação do tempo perdido ficará a cargo do árbitro.

Tiro penal

- No caso em que se tenha que lançar ou repetir um tiro penal, se prorrogará o período em questão até que se tenha consumado o tiro penal.

Tempo suplementar

- O regulamento de uma competição poderá prever dois tempos suplementares iguais. Se aplicarão o estipulado na Regra 8.

Partida suspensa

- Voltar-se-á a jogar toda partida suspensa definitivamente, a menos que o regulamento estipule outro procedimento.

REGRA 08 – O INÍCIO E O REINÍCIO DO JOGO

Introdução

- Será lançada uma moeda e a equipe que ganhar o sorteio decidirá a direção para a qual atacará no primeiro tempo da partida.
- A outra equipe efetuará o tiro inicial para começar a partida.
- A equipe que ganha o sorteio executará o tiro inicial para iniciar o segundo tempo.
- No segundo tempo da partida, as equipes trocarão de metade de campo e atacarão em direção oposta.

Tiro inicial

- O tiro inicial é uma forma de iniciar ou reiniciar o jogo:
  - no começo da partida;
  - depois de ter marcado um gol;
  - no começo do segundo tempo da partida;
  - no começo de cada tempo suplementar, quando for o caso;
- Será possível anotar um gol diretamente de um tiro inicial.

Procedimentos

- Todos os jogadores deverão encontrar-se em seu próprio campo.
- Os jogadores da equipe contrária àquela que efetuará o tiro inicial deverão encontrar-se no mínimo a 9,15 m a bola até que esta seja jogada.
- A bola se encontrará imóvel no ponto central.
- O árbitro dará o sinal.
- A bola entrará em jogo no momento em que seja chutada e se mova até adiante.
- O executor do tiro não poderá tocar a bola pela segunda vez antes que seja jogada por outro jogador.
- Depois que uma equipe marque um gol, a equipe contrária efetuará o tiro inicial.

Contravenções/Sanções

- No caso em que o executor do tiro inicial toque a bola pela segunda vez antes de que seja jogada por outro jogador:
  - se concederá um tiro livre indireto à equipe adversária, que se lançará desde o lugar onde se cometeu a falta;
- Para qualquer outra infração o procedimento do tiro inicial:
  - o tiro inicial será repetido.

Bola ao chão

- A bola ao chão é uma forma de reiniciar o jogo depois de uma interrupção temporária necessária, quando a bola está em jogo, por causa de qualquer incidente não indicado nas regras do jogo.
- O árbitro deixará cair a bola no lugar em que se encontrava quando foi interrompida a partida.
- O jogo será considerado reiniciado quando a bola tocar o solo.

Contravenções/Sanções

- Se voltará a deixar cair a bola:
- se é tocada por um jogador antes de tocar o chão;
- se sai do campo de jogo depois de tocar o chão, sem haver sido tocada por um jogador

Circunstâncias especiais

- Um tiro livre concedido à equipe defensora em sua área de meta poderá ser lançado desde qualquer parte dessa área.
- Um tiro livre indireto concedido à equipe atacante na área de meta adversária será lançado desde a linha da área de meta paralela à linha de meta, no ponto mais próximo onde ocorreu a infração.
- Uma bola ao chão para reiniciar a partida, depois que o jogo tenha sido interrompido temporariamente dentro da área de meta, será executada na linha de área de meta paralela à linha de meta, no ponto mais próximo do lugar onde se encontrava a bola quando se interrompeu o jogo.

REGRA 09 – A BOLA EM JOGO OU FORA DE JOGO

A bola estará fora de jogo quando:

- tiver ultrapassado completamente uma linha de lateral ou de meta, seja por terra ou pelo ar;
- o jogo tenha sido interrompido pelo árbitro.

A bola em jogo

A bola estará em jogo em todo outro momento, inclusive quando:

- rebate nas traves, travessão ou bandeirinha de canto e permanece no campo de jogo
- rebate no árbitro ou em um árbitro assistente localizado no interior do terreno de jogo

REGRA 10 – O GOL MARCADO

- Se terá marcado um gol quando a bola tenha ultrapassado totalmente a linha de meta entre os postes e por baixo do travessão, sempre que a equipe a favor da qual se marcou o gol não tenha cometido previamente alguma irregularidade às Regras do Jogo.

Equipe vencedora

- A equipe que tenha marcado o maior número de gols durante uma partida será a vencedora. Se ambas as equipes marcaram o mesmo número de gols ou não marcaram nenhum gol, a partida terminará em empate.

Regulamento de competição

- Os regulamentos de uma competição poderão estipular um tempo suplementar ou outro procedimento aprovado pela International F. A. Board para determinar o vencedor de uma partida em caso de empate.

REGRA 11 – O IMPEDIMENTO

Posição de impedimento

- O fato de estar em uma posição de impedimento não constitui uma infração em si.
- Um jogador estará em posição de impedimento se:
  - se encontra mais próximo da linha de meta contrária que a bola e o penúltimo adversário;
- Um jogador não estará em posição e impedimento se:
  - se encontra em sua própria metade de campo ou;
  - está na mesma linha que o penúltimo adversário ou;
  - está na mesma linha que os dois últimos adversários.

Infração

- Um jogador em posição de impedimento será sancionado somente se no momento em que a bola toca ou é jogada por um de seus companheiros, se encontra, na opinião do árbitro implicado no jogo ativo:
  - interferindo no jogo; ou
  - interferindo a um adversário; ou
  - ganhando vantagem dessa posição.

Não é infração

- Não existirá infração por impedimento se o jogador receber a bola diretamente de:
  - um tiro de meta; ou
  - um arremesso lateral; ou
  - uma cobrança e tiro de canto.

Contravenções/Sanções

- Por qualquer infração de impedimento, o árbitro deverá outorgar um tiro livre indireto à equipe adversária que será lançado desde o lugar onde se cometeu a falta.

REGRA 12 – FALTAS E CONDUTA ANTIESPORTIVA

As faltas e condutas antiesportivas serão sancionadas da seguinte maneira:

Tiro livre direto

- Será sancionado um tiro livre direto à equipe adversária se um jogador comete uma das seguintes seis (6) faltas e maneira que o árbitro considere imprudente, temerária ou com o uso de força excessiva:
  - dar ou tentar dar um pontapé em um adversário;
  - dar ou tentar dar uma rasteira em um adversário;
  - saltar sobre um adversário;
  - apoiar em um adversário;
  - agredir ou tentar agredir um adversário;
  - empurrar um adversário.
- Será concedido assim mesmo um tiro livre direto à equipe adversária se um jogador comete uma das seguintes quatro (4) faltas:
  - dar um pontapé no adversário antes de tocar a bola;
  - agarrar um adversário;

- cuspir em um adversário;
- tocar a bola com as mãos deliberadamente (exceto o goleiro dentro de sua própria área penal);

- O tiro direto livre será lançado desde o lugar onde se cometeu a falta.

Tiro penal

- Será concedido um tiro penal se um jogador comete uma das dez (10) faltas mencionadas dentro de sua própria área penal, independentemente da posição de bola e sempre que a mesma esteja em jogo.

Tiro livre indireto

- Será concedido um tiro livre indireto à equipe adversária se um goleiro comete uma as seguintes cinco (5) faltas entro de sua própria área penal:
  - der mais de quatro passos enquanto retém a bola em suas mãos, antes de colocá-la em jogo;
  - voltar a tocar a bola com as mãos depois de havê-la posto em jogo e sem que qualquer outro jogador a tenha tocado;
  - tocar a bola com as mãos depois que um jogador de sua equipe a tenha cedido com o pé;
  - tocar a bola com as mãos depois de tê-la recebido diretamente de um arremesso lateral lançado por um companheiro;
  - perder tempo.
- Será concedido assim mesmo um tiro livre indireto à equipe adversária se um jogador, na opinião do árbitro:
  - joga de forma perigosa;
  - obstruir o avanço de um adversário;
  - impede que o goleiro possa jogar a bola com as mãos;
  - cometer qualquer outra falta que não tenha sido anteriormente mencionada na Regra 12, pela qual o jogo seja interrompido para advertir ou expulsar a um jogador;
- O tiro livre indireto será lançado desde o lugar onde se cometeu a falta.

SANÇÕES DISCIPLINARES

Faltas puníveis com uma advertência

- Um jogador será advertido e receberá o cartão amarelo se comete uma das seguintes sete (7) faltas:
  1. for culpado de conduta antiesportiva;
  2. desaprovar com palavras ou ações as decisões do árbitro;
  3. infringir persistentemente as regras do jogo;
  4. retardar o reinício do jogo;
  5. não respeitar a distância regular em um tiro de canto ou tiro livre;
  6. entrar ou voltar a entrar no campo de jogo sem a permissão do árbitro;
  7. abandonar deliberadamente o campo de jogo sem a permissão do árbitro.

Faltas puníveis com uma expulsão

- Um jogador será expulso e receberá o cartão vermelho se cometer uma das seguintes sete (7) faltas:
  1. for culpado de jogo brusco grave;

2. for culpado de conduta violenta;
3. cuspir em um adversário ou em qualquer outra pessoa;
4. impedir com a mão de forma intencional um gol ou malograr uma oportunidade manifesta de um gol (isso não vale para o goleiro dentro de sua própria área penal);
5. malograr a oportunidade manifesta de marcar um gol de um adversário que se dirige até a meta do jogador mediante uma falta punível com tiro livre ou penal;
6. empregar linguagem ofensiva, grosseira e obscena;
7. receber uma segunda advertência na mesma partida.

Decisões do International Football Association Board

1. Será concedido um tiro penal se um goleiro golpear ou tentar golpear um adversário em sua própria área penal lançando-lhe a bola enquanto a mesma está em jogo.
2. Se um jogador cometer uma falta sancionável com uma advertência ou uma expulsão, seja dentro ou fora do campo de jogo, contra um adversário, um companheiro, o árbitro, um árbitro assistente ou contra qualquer outra pessoa, será castigado conforme a natureza da falta cometida.
3. Se considerará que o goleiro controla a bola quando toca com qualquer parte de suas mãos ou braços. A posse da bola incluirá, assim mesmo, a defesa intencional do goleiro, porém não inclui quando – segundo o árbitro – a bola rebate acidentalmente no goleiro, por exemplo, depois de efetuar uma defesa.

   O goleiro será culpado de perder tempo se retém a bola em suas mãos durante mais de 5 ou 6 segundos.
4. Em virtude do estipulado na Regra 12, um jogador poderá passar a bola ao seu goleiro utilizando a cabeça, o peito, o joelho, etc. Não obstante, se na opinião do árbitro, um jogador emprega um truque deliberado para burlar a regra, enquanto a bola está em jogo, o jogador será culpado de conduta antiesportiva. Será advertido, receberá cartão amarelo e será concedido um tiro livre indireto à equipe adversária desde o lugar onde se cometeu a falta.

   Um jogador que empregue um truque para burlar a regra enquanto executa um tiro livre, será sancionado por conduta antiesportiva e receberá o cartão amarelo. Se voltará a lançar o tiro livre.

   Em tais circunstâncias, será irrelevante se o goleiro toca ou não posteriormente a bola com as mãos. A falta é cometida pelo jogador que tenta burlar tanto a Regra como o espírito da Regra 12.
5. Um carrinho por trás que ponha em perigo a integridade física de um adversário deverá ser punido como jogo brusco grave.
6. Toda simulação no campo de jogo que tenha por finalidade enganar o árbitro será punida como conduta antiesportiva.

REGRAS 13 – OS TIROS LIVRES

Os tiros livres são diretos ou indiretos

- Tanto para os tiros livres indiretos como para os indiretos, a bola deverá estar imóvel quando se lança o tiro e o executor não poderá voltar a jogar a bola antes de que esta tenha tocado outro jogador.

O tiro livre direto

- se o tiro livre direto entra diretamente na meta contrária, será concedido um gol.
- se um tiro livre direto entrar diretamente na própria meta será concedido tiro de canto à equipe contrária.

O tiro livre indireto

Sinal

- O árbitro indicará um tiro livre indireto levantando o braço ao alto. Deverá manter seu braço na dita posição até que tenha sido executado e conservar este sinal até que a bola tenha tocado outro jogador ou tenha saído de jogo.

A bola entra na meta

- O gol será válido se a bola toca outro jogador antes de entrar na meta.
- Se um tiro livre indireto entrar diretamente na meta contrária será concedido um tiro de meta.
- Se um tiro livre indireto entrar na própria meta será concedido um tiro de canto à equipe contrária.

Posição no tiro livre

Tiro livre dentro da área penal

- Tiro livre direto ou indireto a favor da equipe defensora:
  - todos os adversários deverão encontrar-se no mínimo a 9,15 m da bola.
  - todos os adversários deverão permanecer fora da área penal até que a bola esteja em jogo;
  - a bola estará em jogo apenas se tiver sido lançada diretamente para fora da área penal;
  - um tiro concedido na área de meta poderá ser lançado de qualquer ponto da dita área.
- Tiro livre direto ou indireto a favor da equipe atacante:
  - todos os adversários deverão encontrar-se no mínimo a 9,15 m da bola até que esta esteja em jogo, salvo se se encontram colocados sobre sua própria linha de meta entre os postes de meta;
  - a bola estará em jogo no momento em que é chutada e se põe em movimento;
  - um tiro livre indireto concedido na área de meta será lançado desde a parte da linha da área de meta, paralela à linha de meta mais próxima do lugar onde se cometeu a falta.

Tiro livre fora da área penal

- todos os adversários deverão encontrar-se no mínimo a 9,15 m da bola até que esta esteja em jogo;
- a bola estará em jogo no momento em que é chutada e se põe em movimento;
- o tiro livre será lançado desde o lugar onde se cometeu a falta.

Contravenções/Sanções

- Se ao executar um tiro livre um adversário se encontra mais perto da bola que a distância regulamentar:
  - se repetirá o tiro.
- Se a equipe defensora lança um tiro livre desde sua própria área penal sem que a bola entre diretamente em jogo:
  - se repetirá o tiro.

Tiro livre lançado por qualquer jogador, exceto o goleiro

- Se a bola estiver em jogo e o executor do tiro toca pela segunda vez a bola (exceto com suas mãos) antes que esta tenha tocado a outro jogador:
  - será concedido tiro livre indireto à equipe contrária desde o lugar onde se cometeu a falta.
- Se a bola estiver em jogo e oi executor do tiro toca intencionalmente a bola com as mãos antes que ela tenha tocado a outro jogador:
  - será concedido um tiro livre direto à equipe contrária desde o lugar onde se cometeu a falta;
  - será concedido um tiro penal se a falta for cometida dentro da área penal do executor.

Tiro livre lançado pelo goleiro

- Se a bola está em jogo e o goleiro toca pela segunda vez a bola (exceto com suas mãos) antes que ela tenha tocado outro jogador:
  - Será concedido um tiro livre indireto à equipe contrária desde o lugar onde se cometeu a infração.
- Se a bola estiver em jogo e o goleiro tocá-la intencionalmente com a mão antes que ela tenha tocado outro jogador:
  - será concedido um tiro livre direto à equipe contrária se a falta ocorreu fora da área penal do goleiro, e o tiro será lançado desde o lugar onde se cometeu a falta;
  - será concedido um tiro livre indireto à equipe contrária se a falta ocorreu dentro da área penal do goleiro, e o tiro será lançado desde o lugar onde se cometeu a falta.

REGRA 14 – O TIRO PENAL

- Será concedido um tiro penal contra a equipe que cometeu uma das dez faltas que levam a um tiro direto (Regra 12), dentro de sua própria área penal enquanto a bola está em jogo.
- Um gol poderá ser marcado diretamente de um tiro penal.
- Será concedido tempo adicional para poder executar um tiro penal ao final de cada tempo ou ao final dos períodos suplementares.

Posição da bola e dos jogadores

A bola:

- será colocada no ponto penal.

O executor do tiro penal:

- deverá ser devidamente identificado.

O goleiro defensor:

- deverá permanecer sobre sua própria linha de meta, frente ao executor do tiro penal, entre os postes de meta até que a bola esteja em jogo.

Os jogadores, exceto o executor do tiro, estarão colocados:

- no campo de jogo;
- fora da área penal;
- atrás do ponto penal;
- a um mínimo de 9,15 m do ponto penal.

O árbitro

- Não dará o sinal para execução do tiro penal até que todos os jogadores se encontrem colocados em uma posição conforme a Regra.
- Decidirá quando se tenha consumado um tiro penal.

Procedimento:

- o executor do tiro penal chutará a bola para a frente;
- não poderá voltar a jogar a bola até que esta não tenha tocado outro jogador;
- a bola está em jogo no momento em que for chutada e se põe em movimento.
- Quando se executa um tiro penal durante o curso normal de uma partida ou quando o período de jogo tiver sido prorrogado no primeiro tempo ou ao final do tempo regulamentar com objetivo de lançar ou voltar a lançar um tiro penal, se concederá um gol se, antes de passar entre os postes e abaixo do travessão a bola tocar um ou ambos os postes, ou o travessão ou o goleiro.

Contravenções/Sanções

Se o árbitro dá o sinal de executar o tiro penal e, antes que a bola esteja em jogo, ocorre uma das seguintes situações:

- O executor do tiro infringe as regras do jogo:
  - o árbitro permitirá que continue a jogada;
  - se a bola entra na meta, se repetirá o tiro;
  - se a bola não entra na meta, não se repetirá o tiro.
- O goleiro infringe as regras do jogo:
  - o árbitro permitirá que continue a jogada;
  - se bola entra na meta, se concederá o gol;
  - se a bola não entra na meta, se repetirá o tiro.
- Um companheiro do executor do tiro penetra na área penal ou se coloca diante do ponto penal ou a menos de 9,15 m do mesmo:
  - o árbitro permitirá que continue a jogada;
  - se a bola entra na meta, se repetirá o tiro;
  - se a bola não entra na meta, se repetirá o tiro;
  - se a bola rebate no goleiro, no travessão ou em um poste de meta e é tocada por este jogador, o árbitro interromperá a partida e a reiniciará com o tiro livre indireto a favor da equipe defensora.
- Um companheiro do goleiro penetra na área penal ou se coloca diante do ponto penal ou a menos de 9,15 m:
  - o árbitro permitirá que continue a jogada;
  - se a bola entra na meta, se concederá um gol;
  - se a bola não entra na meta, se repetirá o tiro.
- Um jogador da equipe defensora e um da equipe atacante infringem as regras de jogo:
  - o tiro será repetido.
- Se depois que se tenha lançado um tiro penal:
- O executor do tiro toca pela segunda vez a bola (exceto com suas mãos) antes que esta tenha tocado a outro jogador:
  - será concedido tiro livre indireto à equipe contrária desde o lugar onde se cometeu a falta.

- Se o executor tocar intencionalmente a bola com as mãos antes que ela tenha tocado a outro jogador:
  - será concedido um tiro livre direto à equipe contrária desde o lugar onde se cometeu a falta.

A bola toca qualquer outro objeto no momento em que se move para a frente:
  - o tiro será repetido.
- A bola rebate no campo de jogo do goleiro, o travessão ou os postes, e toca logo depois em qualquer outro objeto:
  - o árbitro interromperá o jogo;
  - o jogo se reiniciará com bola ao chão desde o lugar onde tocou o objeto.

REGRA 15 – O ARREMESSO LATERAL

- O arremesso lateral é uma forma de reiniciar o jogo.
- Não se poderá consignar um gol diretamente de um arremesso lateral.

Será concedido arremesso lateral:

- quando a bola tiver ultrapassado em sua totalidade a linha lateral, seja por terra ou pelo ar;
- desde o ponto por onde ultrapassou a linha lateral;
- aos adversários do jogador que tocou por último a bola.

Procedimento

- No momento de lançar a bola, o executor deverá:
  - estar de frente para o campo de jogo;
  - ter uma parte de ambos os pés sobre a linha lateral ou no exterior da mesma;
  - servir-se de ambas as mãos;
  - lançar a bola desde de trás e por cima da cabeça.
- O executor do arremesso lateral não poderá voltar a jogar a bola até que esta não tenha tocado outro jogador.
- A bola estará em jogo tão logo tenha entrado no campo de jogo.

Contravenções/Sanções

Arremesso lateral executado por qualquer jogador, exceto o goleiro

- Se a bola estiver em jogo e o executor do arremesso toca pela segunda vez a bola (exceto com as mãos) antes que está tenha tocado outro jogador:
  - será concedido um tiro livre indireto à equipe contrária desde o lugar onde se cometeu a falta.
- Se a bola está em jogo e o executor do arremesso toca intencionalmente a bola com as mãos antes que esta tenha tocado outro jogador:
  - será concedido um tiro livre direto à equipe contrária, desde o lugar onde se cometeu a falta;
  - será concedido um tiro penal se a falta for cometida dentro da área penal do executor.

Arremesso lateral lançado pelo goleiro

- Se a bola está em jogo e o goleiro tocá-la pela segunda vez (exceto com as mãos) antes que esta tenha tocado outro jogador:
  - será concedido um tiro livre indireto à equipe contrária desde o lugar onde se cometeu a falta.

- Se a bola está em jogo e o goleiro toca intencionalmente a bola com a mão antes que esta tenha tocado outro jogador:
  - será concedido um tiro livre direto à equipe contrária, se a falta ocorreu fora da área penal do goleiro e o tiro será lançado desde o lugar onde se cometeu a falta;
  - será concedido um tiro livre indireto à equipe contrária se a falta ocorreu dentro da área penal do goleiro e o tiro será lançado desde o lugar onde a falta foi cometida.
- Se um adversário distrai ou estorva de forma incorreta o executor do arremesso:
  - Será advertido por conduta antiesportiva e receberá o cartão amarelo.
- Para qualquer outra contravenção da regra:
  - o arremesso lateral será executado por um jogador da equipe contrária.

REGRA 16 – O TIRO DE META

- O tiro de meta é uma forma de reiniciar o jogo.
- Um gol pode ser anotado diretamente de um tiro de meta, porém somente contra a equipe adversária.

Se concederá um tiro de meta quando:

- a bola tenha ultrapassado em sua totalidade a linha de meta, seja por terra ou pelo ar, depois de haver tocado por último um jogador da equipe atacante, e não tenha marcado um gol conforme a Regra 10.

Procedimento:

- a bola será lançada desde qualquer ponto da área de meta por um jogador da equipe defensora;
- os adversários deverão permanecer fora da área penal até que a bola esteja em jogo;
- o executor do tiro não poderá voltar a jogar a bola até que esta não tenha tocado outro jogador;
- a bola estará em jogo quando tenha sido lançada para fora da área penal.

Contravenções/Sanções

- Se a bola não for lançada diretamente fora da área penal:
  - o tiro de meta será repetido.

Tiro de meta executado por qualquer jogador, exceto o goleiro

- Se a bola está em jogo e o executor do tiro toca pela segunda vez a bola (exceto com as mãos) antes que esta tenha tocado outro jogador:
  - será concedido tiro livre indireto à equipe contrária desde o lugar onde a falta foi cometida.
- Se a bola está em jogo e o executor do tiro tocá-la intencionalmente com as mãos antes desta ter tocado a outro jogador:
  - será concedido tiro livre direto à equipe contraria, desde o lugar onde a falta foi cometida;
  - será concedido um tiro penal se a falta foi cometida dentro da área penal do executor.

Tiro de meta lançado pelo goleiro

- Se a bola está em jogo e o goleiro toca pela segunda vez a bola (exceto com suas mãos) antes que esta tenha tocado outro jogador:
  - será concedido um tiro livre indireto à equipe contrária desde o lugar onde a falta foi cometida.

- Se a bola está em jogo e o goleiro toca intencionalmente a bola com a mão antes que esta tenha tocado outro jogador:
  - será concedido um tiro livre direto à equipe contrária se a falta ocorreu fora da área penal do goleiro, e o tiro será lançado desde o lugar onde a falta foi cometida;
  - será concedido um tiro livre indireto à equipe contrária se a falta ocorreu dentro da área penal do goleiro, e o tiro será lançado desde o lugar onde a falta foi cometida.

Para qualquer outra infração à regra:

  - o tiro será repetido.

REGRA 17 – O TIRO DE CANTO

- O tiro de canto é uma forma de reiniciar o jogo.
- Se poderá anotar um gol diretamente de um tiro de canto, porém somente contra a equipe contrária.

Será concedido um tiro de canto quando:

- a bola tiver ultrapassado na sua totalidade a linha de meta, seja por terra ou pelo ar, depois de haver tocado por último um jogador da equipe defensora, e não tenha sido marcado um gol conforme a Regra 10.

Procedimento:

- a bola será colocada no interior do quadrante da bandeirinha de córner que estiver mais próxima;
- não se deverá tirar a bandeirinha do córner;
- os adversários deverão permanecer a um mínimo de 9,15 m da bola até que esta esteja em jogo;
- a bola será lançada por um jogador da equipe atacante;
- a bola estará em jogo no momento em que é chutada e se põe em movimento;
- o executor do tiro não deverá jogar a bola pela segunda vez até que esta não tenha tocado outro jogador.

Contravenções/Sanções

- O tiro de canto será executado por qualquer jogador, exceto o goleiro.
- Se a bola está em jogo e o executor do tiro toca a bola pela segunda vez (exceto com as mãos) antes de que esta tenha tocado outro jogador:
  - será concedido um tiro livre indireto à equipe contrária desde o lugar onde a falta foi cometida.
- Se a bola está em jogo e o executor do tiro toca intencionalmente a bola com as mãos antes que esta tenha tocado outro jogador:
  - será concedido um tiro livre direto à equipe contrária desde o lugar onde a infração foi cometida;
  - será concedido um tiro penal se a falta foi cometida dentro da área penal o executor.

Tiro de canto executado pelo goleiro

- Se a bola está em jogo e o goleiro toca pela segunda vez a bola (exceto com suas mãos) antes que esta tenha tocado outro jogador:
  - será concedido um tiro livre indireto à equipe contrária desde o lugar onde a falta foi cometida.

- Se a bola está em jogo e o goleiro toca intencionalmente a bola com as mãos antes que esta tenha tocado outro jogador:
  - será concedido um tiro livre direto à equipe contrária se a falta ocorreu fora da área penal do goleiro e o tiro será lançado desde o lugar onde a falta foi cometida;
  - será concedido um tiro livre indireto à equipe contrária se a falta ocorreu dentro da área penal do goleiro e o tiro será lançado desde o lugar onde a falta foi cometida.
- Para qualquer outra contravenção da Regra:
  - o tiro será repetido.

Anexo D

RESOLUÇÃO N. 02, DE 05 DE MAIO DE 2004

O MINISTRO DE ESTADO DO ESPORTE E PRESIDENTE DO CONSELHO NACIONAL DE ESPORTE, no uso de suas atribuições,

considerando a proposta apresentada pela Comissão de Combate ao Doping, instituída nos termos da Portaria ME n. 101, de 29 de julho de 2003;

considerando a competência do Conselho Nacional do Esporte – CNE, em expedir diretrizes para o controle de substâncias e métodos proibidos na prática desportiva, assim definidas no inciso VII do art. 11 da Lei n. 9.615, de 24 de março de 1998 e suas alterações;

considerando o que decidiu o Plenário do CNE na 6ª Reunião Ordinária realizada dia 28 de abril de 2004; e

considerando, ainda, o resultado da revisão promovida pela Consultoria Jurídica do Ministério do Esporte, resolve:

CAPÍTULO I

DO DOPING E DA DOPAGEM

Art. 1º Conceitua-se como doping a substância, agente ou método capaz de alterar o desempenho do atleta, a sua saúde ou espírito do jogo, por ocasião de competição desportiva ou fora dela.

Art. 2º Por dopagem se entende a administração ao atleta, ou o uso por parte deste, de substância, agente ou método capaz de alterar o desempenho do atleta, prejudicar a sua saúde ou comprometer o espírito do jogo, por ocasião de competição desportiva ou fora dela.

Art. 3º Considera-se infração por dopagem, o uso de substância proibida, ou a presença de seus metabólitos ou marcadores na urina ou sangue do atleta, o uso ou a tentativa de uso de substância ou método proibido, a adulteração ou tentativa de adulterar qualquer parte do controle de dopagem, a posse ilegal e o tráfico ilícito de qualquer substância ou método proibido.

Art. 4º O controle da dopagem de que trata esta Resolução objetiva detectar a administração ao atleta ou o uso por parte deste, das substâncias ou métodos exemplificados em seu Anexo I, e de acordo com a lista publicada anualmente no dia 1º de janeiro pela Agência Mundial Antidoping (AMA), respeitadas as concentrações propostas no Anexo II, ouvido o órgão competente do Ministério da Saúde.

Art. 5º Os fármacos ou métodos previstos no Anexo I, quando ministrados ao atleta ou por este usados ainda que por motivo de doença e por prescrição médica, serão sempre considerados dopagem, salvo se ele apresente uma Isenção para Uso Terapêutico (IUT) devidamente registrada e aprovada na sua Entidade Nacional de Administração do Desporto, Federação Internacional, no Comitê Olímpico Brasileiro ou no Comitê Paraolímpico Brasileiro.

Art. 6º O atleta que apresentar em seus fluidos, quando submetido a controle de dopagem, substância ou método proibido, sofrerá as penalidades cominadas nesta Resolução e nas previstas no Código Brasileiro de Justiça Desportiva – CBJD, sem prejuízo das penalidades aplicáveis à Entidade de Prática ou Entidade de Administração a que pertença e às demais pessoas envolvidas no processo de dopagem.

Art. 7º O disposto na presente Resolução aplica-se aos atletas, técnicos, treinadores, dirigentes, profissionais de saúde e quaisquer outros agentes ligados ou não a atividade esportiva que participem do processo de dopagem ou o favoreçam.

CAPÍTULO II

DA SELEÇÃO E IDENTIFICAÇÃO DOS ATLETAS EM COMPETIÇÃO

Art. 8º Qualquer atleta que tenha participado de competição desportiva, no todo ou em parte, poderá ser submetido ao controle de dopagem, pelos critérios de sua Entidade Nacional de Administração do Desporto.

Art. 9º O atleta selecionado será notificado logo após a conclusão de sua atividade agonística, pelo responsável pela coleta de urina e sangue.

§1º Da notificação expedida em duas vias de igual teor, constarão:

a) local, data, hora e identificação da atividade desportiva realizada;

b) nome, sexo e, eventualmentee, o número do atleta na prova;

c) equipe a que pertencer, se for o caso;

d) local da coleta de urina e/ou sangue e o prazo de apresentação.

§2º Uma das vias da notificação será destinada ao atleta.

§3º Sob pena de ser considerado dopado, nenhum atleta que tenha praticado modalidade desportiva poderá ausentar-se antes do final da partida, prova ou equivalente, e do sorteio ou indicação para o controle de dopagem.

§4º O atleta que se recusar a fornecer material para o controle de dopagem será punido com a pena maior.

Art. 10. Os atletas sorteados ou indicados a se submeter ao controle de dopagem, deverão apresentar-se no local e dentro do prazo estipulado pela notificação, podendo ser acompanhados pelo médico da equipe ou por representante indicado.

Parágrafo único. A autoridade responsável pela coleta do material para fins de exame deverá comprovar sua identidade e apresentar documento hábil que o credencia para tal fim, preenchendo-se, então, formulário em três vias, assinado pela autoridade e pelo o atleta, que conterá os seguintes elementos:

a) local e data da atividade desportiva;

b) nome, sexo, número do atleta se existente, e código da amostra do atleta;

c) nome do acompanhante, se existente;

d) hora em que chegou na estação de dopagem e hora em que foi colhida a amostra;

e) assinatura do atleta e seu acompanhante, se houver, concordando com o procedimento.

CAPÍTULO III

DO CONTROLE DA AMOSTRA

Art. 11. O controle de dopagem constará basicamente de três fases distintas:

a) coleta de urina e de sangue, conforme o caso, e acondicionamento da amostra;

b) análise do material coletado, em laboratório credenciado pela Agência Mundial Antidoping;

c) laudo com o resultado.

Art. 12. O material para a análise será, conforme o caso, a urina ou o sangue do atleta.

Art. 13. O atleta deverá permanecer sob vigilância de escolta destinada a esta função até o fornecimento da amostra. Poderá, para tal, ingerir líquidos contidos em embalagens de vidro ou lata, que deverão ser escolhidas e abertas pelo próprio atleta. Não serão oferecidas bebidas de teor alcoólico ao atleta.

Art. 14. Cabe ao atleta escolher, entre 3 vasos, no mínimo, o destinado à coleta de urina, o qual deverá estar contido em invólucro de plástico devidamente lacrado e estéril.

§ 1º Cabe, ainda, ao atleta verificar a inviolabilidade do invólucro de plástico, abrindo-o para retirar o recipiente destinado a receber a urina, que deve medir pelo menos 100 centímetros cúbicos.

§ 2º A Estação de Controle de Dopagem compreenderá, idealmente, em dois ambientes, sala de espera e sala de coleta. Somente um atleta de cada vez será atendido na área destinada à coleta do material que servirá de amostra.

§ 3º Se o atleta não urinar a quantidade necessária para o controle de dopagem, deverá voltar à sala de espera, onde seu frasco permanecerá sob sua guarda e da respectiva escolta, lacrado como amostra parcial e controlado pelo responsável.

Art. 15. O atleta deverá urinar na presença e sob vigilância direta da escolta devidamente treinada, em recipiente específico para tal e descrito no art. 14.

Parágrafo único. A escolta deve obrigatoriamente ser do mesmo sexo do atleta.

Art. 16. O volume mínimo de urina a ser colhido será de 75 cc (centímetros cúbicos).

Art. 17. Após a coleta de urina o recipiente será fechado pelo atleta, que escolherá um conjunto contendo dois frascos. O atleta verificará se o selo do conjunto e o selo dos frascos A e B estão íntegros, verificará ainda se eles apresentam o mesmo número de código, e abrirá os frascos, colocando neles a urina homogeneizada, e dividida na razão de 2/3 no frasco A (prova) e 1/3 no frasco B (contraprova). O atleta poderá ser auxiliado nesta atividade pelo responsável do controle de dopagem ou pelo seu acompanhante.

§ 1º O pH e a densidade serão determinados na urina remanescente contida no vaso coletor.

§ 2º Se o pH for menor do que 5 (cinco) ou maior do que 7 (sete), a amostra deverá ser repetida.

§ 3º Se a densidade for menor do que 1.010 (mil e dez), a amostra deverá ser repetida. No caso de ser a densidade medida com refratômetro, este valor passa a ser menor do que 1.005 (mil e cinco).

Art. 18. Os frascos A e B serão fechados pelo atleta, que fará um teste para verificar se eles não apresentam vazamento, e os colocará em sua respectiva caixa. O atleta poderá ser auxiliado nesta atividade pelo responsável do controle de dopagem ou seu acompanhante.

Art. 19. Terminada a coleta e acondicionamento das amostras, o responsável coloca a cópia do formulário junto ao material colhido e as encaminhará a laboratório credenciado pela Agência Mundial Antidoping (AMA), de forma segura e inviolável. A via original fica com o técnico responsável pelo controle de dopagem, e uma cópia do formulário será entregue ao atleta.

Art. 20. Cabe ao encarregado da recepção das amostras, no laboratório, verificar se elas estão íntegras, com o código correto, e firmar o respectivo recibo.

Parágrafo único. Caso verifique qualquer anormalidade na amostra, o laboratório comunicará a ocorrência à autoridade competente, que poderá torná-los inválidos, mediante decisão fundamentada.

Art. 21. A amostra contida no frasco A, destinado à prova, será devidamente examinada, enquanto o frasco B, destinado à contraprova, será guardado em congelador no laboratório, fechado à chave e sob responsabilidade do laboratório, para ser analisado posteriormente, se houver necessidade.

CAPÍTULO IV

DO LAUDO COM OS RESULTADOS

Art. 22. O laudo com o resultado será enviado ao presidente da Comissão de Combate ao Doping ou da Entidade de Administração do Desporto organizadora da competição, em comunicação reservada e pessoal, com o respectivo código recebido com as amostras, devendo ser classificado como negativo, se não for encontrada nenhuma substância ou método proibido, em competição ou fora dela, ou de resultado analítico adverso, se o contrário acontecer.

Art. 23. O presidente da Comissão de Combate ao Doping identificará o atleta que apresentar resultado analítico adverso, e seguirá as normas de cada Entidade de Administração do Desporto, entregando, após, o resultado ao presidente da entidade organizadora da competição, preservado o sigilo.

Art. 24. No caso de resultado analítico adverso, este será comunicado de imediato ao presidente da Entidade de Prática Desportiva a que pertencer o atleta, pelo presidente da Entidade de Administração do Desporto, firmando aquele um recibo identificando o dia e a hora em que foi notificado.

Parágrafo único. Recebida a comunicação a que se refere o *caput* deste artigo, presume-se que o atleta tomou igualmente conhecimento do resultado da análise.

Art. 25. A primeira análise com resultado positivo implica a imediata suspensão do atleta, não se permitindo nenhum outro tipo de análise que não vise a identificação de substância definida como doping.

CAPÍTULO V

DA CONTRAPROVA

Art. 26. O atleta poderá exigir, no prazo de 20 (vinte) dias, contados do recebimento da comunicação de que trata o art. 24, a realização de uma segunda análise, que será efetuada na urina contida no frasco B (contraprova).

Parágrafo único Se a contraprova não for solicitada neste período, prevalecerá o resultado da prova.

Art. 27. O dia e a hora da contraprova, determinado de acordo com as possibilidades do laboratório, serão comunicados, formalmente, a parte interessada pelo presidente da Entidade de Administração do Desporto da competição.

Art. 28. A contraprova será realizada no mesmo laboratório, se possível com outro técnico, e com a presença de até três representantes do atleta.

Parágrafo único. A ausência de representantes do atleta não impedirá a realização da contraprova no horário determinado, nem invalidará seu resultado.

Art. 29. Será lavrada ata referente ao resultado da segunda análise, que deverá ser assinada pelos interessados, se presentes, a qual será enviada de imediato à autoridade competente do evento e à entidade a que pertence o atleta.

Art. 30. Se o resultado da contraprova for negativo, o presidente da entidade de administração do desporto que promover o evento dará por encerrado o processo de controle de dopagem.

CAPÍTULO VI

DO PROCEDIMENTO DISCIPLINAR

Art. 31. Configurado o resultado anormal na análise antidoping, o Presidente da Entidade de Administração do Desporto ou quem o represente, em 24 (vinte e quatro) horas, remeterá o laudo correspondente ao Presidente do órgão judicante (STJD ou TJD), que adotará o procedimento especial indicado no Código Brasileiro de Justiça Desportiva, salvo se, pela integração entre normas nacionais, normas internacionais e regras a que estão submetidas as entidades nacionais de administração do desporto, em decorrência da filiação, haja posição diversa, em todos os casos, observando-se o princípio da moralidade no desporto.

CAPÍTULO VII

DAS INFRAÇÕES E PENALIDADES

Art. 32. São infrações por dopagem as previstas no Código Brasileiro de Justiça Desportiva – CBDJ, as indicadas nas normas nacionais, normas internacionais e regras da prática, assim reconhecidas e aceitas pelas entidades nacionais de administração e, em especial, aquelas indicadas nos arts. 33 e 34 da presente Resolução.

Art. 33. Portar o atleta em qualquer momento ou lugar, substância proibida ou adotar métodos proibidos, salvo se para fins terapêuticos e em conformidade com as normas técnicas nacionais e internacionais relativas à matéria.

PENA: suspensão até 360 (trezentos e sessenta) dias e eliminação na reincidência.

§ 1º Incorrerá nas mesmas penas quem fabricar, extrair, transformar, preparar, despachar, transportar, importar, exportar, oferecer em troca de pagamento ou de graça, distribuir, vender, trocar, servir de intermediário, obter de qualquer maneira, prescrever, comercializar, transferir, aceitar, possuir, reter, comprar ou adquirir de qualquer maneira substâncias proibidas e utilizar métodos proibidos, excetuados os casos permitidos por lei.

§ 2º Nas mesmas penas, incorrerá quem financiar ou servir como intermediário para o financiamento, estimular o consumo ou uso de substâncias proibidas e métodos proibidos, ou organizar meios para facilitar o acesso ou o consumo de substância e métodos proibidos.

§ 3º A tentativa é punível aos atos indicados no *caput* e §§ 1º e 2º deste artigo.

Art. 34. O atleta punido por prazo, pela prática de dopagem em competição internacional, fica impedido, por igual prazo, de participar de competições em qualquer modalidade desportiva no Brasil.

CAPÍTULO VIII

DA RESPONSABILIDADE PELO CONTROLE DE DOPAGEM

Art. 35. A responsabilidade administrativa e financeira do controle de dopagem cabe às Entidades Nacionais e Regionais de Administração do Desporto, ao Comitê Olímpico e Paraolímpico, ao Ministério e Secretarias de Esporte e aos organizadores de eventos desportivos.

CAPÍTULO IX

DAS DISPOSIÇÕES GERAIS E TRANSITÓRIAS

SEÇÃO I – DISPOSIÇÕES GERAIS

Art. 36. As entidades de administração nacionais, regionais, ligas e entidades de prática do desporto, integrantes do sistema brasileiro de desporto, em conjunto com os órgãos públicos governamentais, farão divulgar por todos os meios disponíveis o texto da presente Resolução, como forma de observar o princípio da democratização e suscitar os valores éticos e morais com o fim de alcançar a plena cidadania pelo desporto.

Art. 37. O procedimento disciplinar deverá ser efetivado pela integração das normas desta Resolução, do Código Brasileiro de Justiça Desportiva – CBJD, subsidiados quando couber, pelas normas nacionais das entidades de administração do desporto e normas internacionais a que estiverem submetidas em decorrência de aceitação ou filiação.

Parágrafo único. As normas regulamentares de cada modalidade, por sua especificidade, quando aplicáveis, poderão fundamentar as decisões dos órgãos da Justiça Desportiva, desde que tenham por escopo proteger a disciplina e a organização das competições.

Art. 38. As entidades de administração poderão adotar penalidades mais graves, quando as normas fixadas pelas Federações Internacionais da modalidade estabelecerem a aplicação de penas superiores às previstas nesta Resolução.

Art. 39. A interpretação das normas procedimentais desta Resolução observará as regras gerais de hermenêutica e visa alcançar a defesa da disciplina, da moralidade e da verdade no desporto.

Art. 40. Os casos omissos e as lacunas desta Resolução serão resolvidos de acordo com os princípios gerais de direito, vedadas porém a definição, a qualificação e as decisões por analogia.

SEÇÃO II

DISPOSIÇÃO FINAL

Art. 41. Esta Resolução entrará em vigor na data de sua publicação, revogadas as disposições em contrário, especialmente, a Portaria MEC n. 531, de 10 de julho de 1985, salvo em relação aos processos de dopagem em curso.

AGNELO QUEIROZ